ADALBERTO BEM HAJA & ANTONIO NEVES

O SEQUESTRO DA SEGURANÇA

Copyright© 2022 by Literare Books International
Todos os direitos desta edição são reservados à Literare Books International.

Presidente:
Mauricio Sita

Vice-presidente:
Alessandra Ksenhuck

Diretora executiva:
Julyana Rosa

Diretora de projetos:
Gleide Santos

Relacionamento com o cliente:
Claudia Pires

Capa, projeto gráfico e diagramação:
Gabriel Uchima

Revisão:
Rodrigo Rainho

Impressão:
Paym

Dados Internacionais de Catalogação na Publicação (CIP)
(eDOC BRASIL, Belo Horizonte/MG)

H154s Haja, Adalberto Bem.
O sequestro da segurança / Adalberto Bem Haja, Antonio de Barros Mello Neves. – São Paulo, SP: Literare Books International, 2022.
208 p. ; 14 x 21 cm

ISBN 978-65-5922-473-9

1. Autoconhecimento. 2. Empreendedorismo. 3. Administração. I. Neves, Antonio de Barros Mello. II. Título.

CDD 658.4

Elaborado por Maurício Amormino Júnior – CRB6/2422

Literare Books International.
Rua Antônio Augusto Covello, 472 – Vila Mariana – São Paulo, SP.
CEP 01550-060
Fone: +55 (0**11) 2659-0968
site: www.literarebooks.com.br
e-mail: literare@literarebooks.com.br

PREFÁCIO

Poucas coisas na vida de um indivíduo o colocam em uma montanha russa de emoções tão intensa e duradoura quanto empreender. Não importa se você resolve empreender sozinho abrindo seu próprio negócio ou se resolve empreender na empresa de outra pessoa como executivo (intraempreendedor).

Aqueles que escolhem a "profissão" rapidamente percebem que o fracasso e sucesso estão intimamente ligados e ocorrem em intervalos de tempo inexplicavelmente curtos.

Verdade seja dita, empreender é uma tarefa para quem tem coragem. Isso porque, estatisticamente, as chances de sucesso são muito pequenas por aqui: as condições são – na maioria das vezes – precárias e o ambiente, completamente hostil para construir negócios no Brasil. O que difere então um empreendedor que deu certo de um empreendedor que deu errado?

Ao longo da minha vida, pude conhecer inúmeros empreendedores que me ajudaram a responder essa pergunta. Convivendo com alguns deles, tentei, nos últimos anos, listar os fatores que mais contribuíram para as histórias de sucesso que conheci.

Depois de algum tempo, pude entender que os vencedores carregam consigo algumas características em comum. Habilidades raras, treinadas e adquiridas ao longo de uma vida inteira de trabalho duro, tentativa e erro:

1. São resilientes para se manterem motivados quando as coisas não saem do jeito certo.
2. São criativos para encontrar soluções e alternativas que outros não veem.
3. Trazem consigo uma incrível capacidade de persuasão. Habilidosos para conduzir pessoas, vender seus produtos e, é claro, suas próprias ideias.
4. Quase uma regra inquebrável, são apaixonados pelo que fazem: sabem que a conexão emocional com o que se está construindo é o principal combustível para o sucesso.

No entanto, muitas vezes nos questionamos sobre o ponto de partida dessas habilidades. Será que elas não são adquiridas apenas quando se empreende em determinadas circunstâncias? Será que nos tornamos persuasivos apenas quando nossa motivação é o poder ou será que nos tornamos mais criativos quando passamos por momentos de necessidade?

A origem, os motivos e as condições podem ser fatores limitantes de sucesso para alguém que resolve empreender?

Este livro traz a história de dois empreendedores bem-sucedidos que, curiosamente, tiveram trajetórias opostas. Um deles começou a empreender por-

PREFÁCIO

que nunca se conformou com o padrão de vida que o emprego estável e seguro dos pais lhe proporcionara. O outro, decidiu intraempreender, iniciando uma carreira executiva justamente por crescer com um pai empresário e prometer para si mesmo que jamais seguiria aquela carreira.

Hoje, Adalberto e Antonio estão no lugar onde a maioria dos brasileiros gostaria de estar. Construíram carreiras de sucesso a partir de seus próprios esforços e passaram da fase de apenas "tentar dar certo" para a fase da vida onde devolver parte do que se conquistou é o mais gratificante. Vieram de lugares diferentes, trazidos por motivações e circunstâncias completamente distintas. Arriscaram, aprenderam e prosperaram, como empreendedores, cada um a sua maneira: um como empresário, o outro, como executivo.

Lendo suas histórias, fica claro que não existe fórmula mágica para um empreendedor...

Não existe receita para nenhum sucesso...

O que existe é uma força de vontade inabalável, quase irracional e que apenas algumas pessoas são capazes de entender.

Essa força, aliada ao trabalho duro, realizado pouco a pouco e por muito tempo, forja os verdadeiros vencedores em qualquer área e em qualquer local do mundo.

Independentemente da situação e do momento da sua carreira hoje, mergulhar no livro desses dois empreendedores é um exercício de reflexão e autoconhecimento ímpar.

Nos faz entender que a origem, as motivações e as circunstâncias pouco importam...

Desde que as características que o farão bem-sucedido estejam lá.

Boa leitura a todos! ;)

**Frederico Flores,
empreendedor**

INTRODUÇÃO

Seria possível dois experientes profissionais da segurança sofrerem um sequestro? Pois é exatamente isso que acontece nesta história.

Adalberto, um renomado e bem-sucedido empreendedor da área de segurança, e seu amigo Neves, executivo de segurança no Brasil de uma grande multinacional, são pegos de surpresa e de forma avassaladora, se tornando reféns de um sequestro relâmpago.

Como reagem esses dois profissionais, trancafiados numa van, sem ideia de onde estão, por quanto tempo e por qual preço? Num turbilhão de emoções e nervosismo, medo, ansiedade e pavor, uma forte e interessante discussão se inicia: afinal, o que é mais interessante, empreendedorismo ou intraempreendedorismo?

Adalberto defende o seu ponto de vista, contando a trajetória de sua vida, iniciando lá atrás, nos tempos de seu avô, que foi mendigo em Portugal e acabou se tornando empreendedor na cidade de São Paulo. Seu pai não seguiu o caminho do avô, mas o contrário, acreditava piamente que ser um funcionário e ter aposentadoria garantida eram um privilégio na vida. Adalberto nunca se conformou com o posicionamento do pai, mesmo nos tempos de menino. E, sem saber, seguiu os passos do avô.

Neves, por sua vez, mostra a sua percepção, de um ponto de vista contrário, já que o seu avô foi funcionário e o pai, um nato empreendedor. Com argumentos extraordinários, senso de humor acima da média e uma trajetória de vida incrível, o refém mostra a que veio e se posiciona. Embora ouça provocações do amigo:

— Mas Neves, você não foi do Exército, fez curso com a SWAT? Como a gente foi sequestrado, cara?

E rebate:

— Vim saber sobre a sua bicicleta brega alaranjada para fugirmos daqui!

Adalberto e Neves seguem numa discussão calorosa, que começa na sua ancestralidade, passa pela infância, adolescência, juventude, primeiro emprego, altos e baixos, até os dias de hoje, onde se tornaram excelência no quesito segurança.

Excelentes profissionais da segurança? Mas espera aí, eles não estão no meio de um sequestro? Como eles podem ser bons profissionais? Tem um resgate? Tem salvação? Afinal, quem ganha: o empreendedorismo ou o intraempreendedorismo?

Leia esta história e acompanhe a dificuldade que vai ser, se decidir por um lado ou outro, pois ambos têm histórias de vida, que vão motivar e influenciar a sua, sendo dois caminhos que levam à área da segurança, através do empreendedorismo ou intraempreendedorismo, com um olhar amplo, moderno e cheio de seriedade, ao mesmo tempo que traz leveza e diversão.

Quem sai do sequestro primeiro? Adalberto, o empreendedor? Ou Neves, o intraempreendedor?

INTRODUÇÃO

Eles sofrem tortura? Tortura é não conhecer esta história e não compreender o papel que a segurança tem em nossas vidas, tanto no empreendedorismo quanto no intraempreendedorismo.

Segurança é coisa séria, mas aqui também é um diálogo enriquecedor, prazeroso e absolutamente divertido.

Bem-vindo ao cativeiro mais inusitado possível: o da segurança!

"Não precisas de muralhas!
As muralhas não te protegem,
te isolam."

Richard Bach

SUMÁRIO

Capítulo 1
O SEQUESTRO 13

Capítulo 2
A FOTOGRAFIA 35

Capítulo 3
ÁGUA, POR FAVOR 61

Capítulo 4
AGORA GRITEM! 87

Capítulo 5
E AS NOSSAS NECESSIDADES? 113

Capítulo 6
50 FLEXÕES DE BRAÇO, AGORA! 147

Capítulo 7
LIBERDADE, ABRE AS ASAS SOBRE NÓS! 179

CONCLUSÃO 203

CAPÍTULO 1

O SEQUESTRO

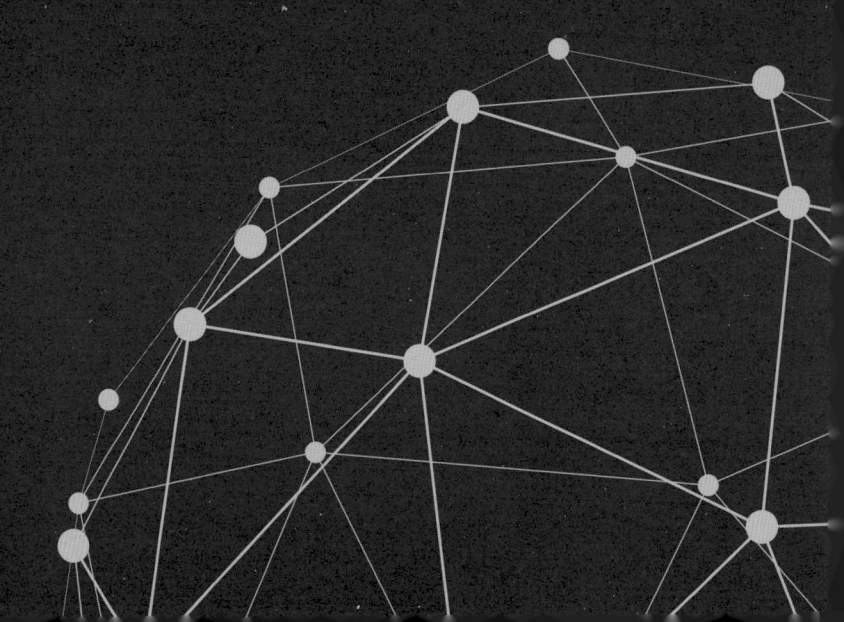

"NÃO HÁ EXEMPLOS NA HISTÓRIA
DE SE TER CONQUISTADO
A SEGURANÇA PELA COVARDIA."

LÉON BLUM

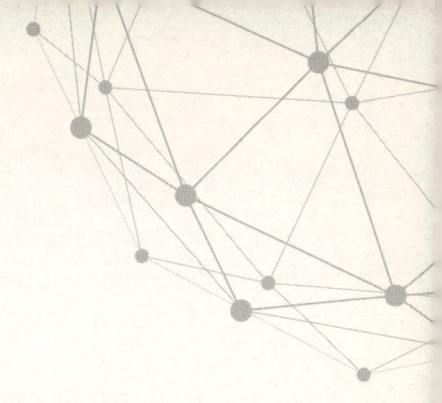

Cidade de São Paulo, Zona Norte, em frente a um grande edifício.

Eu estou em pé, de braços cruzados, olhando para o movimento na rua.

"A hora do *rush*!"

— Ada, cadê o tal do motorista que ia pegar a gente?

Olho no relógio e em seguida para o Neves:

— Já são quase 18h00.

— Então, não ficaram de pegar a gente aqui às 17h30?

"A gente vai chegar atrasado..."

— Eu vou ligar para o pessoal do evento, Neves, espera aí.

Tiro o celular do bolso.

Ouço barulho de carros, vindo na nossa direção.

Do nada, surge uma van preta, acelerada, que sobe sobre a calçada, freando em seguida, com muito estrondo.

— Caraca, Neves, o que é isso?

Eu e o Neves ficamos na mira da van, quando rapidamente descem dois homens armados com metralhadoras.

Os transeuntes gritam e correm.

"Jesus amado, me salve!"

— Bora, bora, perdeu, *playboy*, perdeu!

Eu fico boquiaberto, com o celular na mão, quando um deles toma o meu aparelho e enfia no bolso.

"Oi? Como assim, perdeu? A gente tem um evento para ir agora. Nós vamos receber o prêmio..."

— Na moral, na moral, não reage, não reage!

"Caraca, meu irmão, o que é isso?"

— Eu e o Neves ficamos em posição de defesa.

Alguém chega por trás de mim, imobiliza os meus braços e coloca um capuz preto na minha cabeça.

— Para, para, o que é isso? O que está acontecendo?

Sinto eles checarem meus bolsos e pegarem a minha carteira.

— Ada, Ada, eles me pegaram, você está aqui?

— Estou aqui, Neves!

Eles me empurram para dentro da van:

— Vai, vai, vai, entra!

Eu caio no assoalho e sinto o Neves caindo por cima de mim (não posso cair do lado? Rrss).

— Ai, ai, ai, devagar, cara!

Rapidamente, alguém torce meus braços para a frente e algema meus punhos.

"Eu não acredito. Eu tenho um evento importantíssimo para ir!"

Ouço o Neves gritando:

— Você está louco, cara? Eu trabalho com segurança 24 horas por dia e você vem me sequestrar? Você está de brincadeira comigo?

"Cala a boca, Neves, não vai falar o nome da multinacional que você trabalha, pelo amor de Deus..."

CAPÍTULO 1

Sinto o barulho e o movimento de alguém algemando o Neves e ele gritando:

— Eu tenho um evento para ir, você não pode sequestrar a gente agora, cara!

"Eu não acredito! Mas concordo, caralho. Hoje é um dia importante, sabia?"

— Cala a boca, vocês dois!

"Eu? Estou bem quieto aqui, senhor sequestrador!"

— Cala a boca, Neves.

— Você também, Ada? Como assim, ficar quieto? Isso só pode ser um mal-entendido.

Escuto um tapa, bem dado, no Neves.

— Cala a boca, ô nervosinho, se não quiser levar choque.

"Jesus, Maria, José!"

— Choque não, choque não.

"Lá vai o Neves tomar choque de novo..."

— Fica quieto, então, que a gente vai dar uma voltinha.

Sinto o cheiro de sovaco de um dos homens se movimentando por cima de mim e a porta fechando em seguida.

Do lado de fora, as ordens:

— Corre, corre, corre! Vamos embora!

Eu tiro o capuz da cabeça e vejo o Neves se debatendo na minha frente:

— Como assim, dar uma voltinha?

Ele grita, batendo o braço na van:

— A gente tem um evento para ir! Caralho!

— Neves!

O carro sai em disparada e eu balanço de um lado para o outro.

Eu chamo, calmamente:

— Neves!

Ele continua:

— A gente estava esperando o motorista, que estava atrasado, mas ele já vai chegar.

— Neves!!

O cara, descontrolado, continua de capuz e tentando falar com o sequestrador:

— A gente tem um prêmio para receber hoje, lá no CT, está ligado? Não dá para dar voltinha nenhuma.

Alguém bate na janela entre o motorista e o fundo, onde estamos:

— Cala a boca, aí, senão vai sobrar para vocês.

O motorista pisa fundo e a gente balança de um lado para o outro.

"Que assoalho duro, minha nossa Senhora!"

Minhas costas doem e a bunda também.

O Neves continua reclamando.

De repente, eu vejo um tecido *pink* na algema dele.

— Mas o que é isso na sua algema, Neves?

Ele levanta os braços para cima, ainda de capuz:

— Isso o quê? Isso o quê?

— Tira o capuz, Neves.

"Está nervoso o rapaz..."

Ele finalmente se liga, tira o capuz e fica com cara de uó:

— Nós fomos sequestrados, Ada! Eu não acredito!

Ele olha de um lado para o outro e eu percebo que na minha algema também tem um tecido, só que de oncinha:

CAPÍTULO 1

— Mas que palhaçada é essa?
O Neves debocha:
— Eu prefiro *pink* do que oncinha.
Olho para ele, que está sorrindo de canto.
— Neves! Nós fomos sequestrados, cara!
Ele grita:
— Eu sei!!!
— Como você pode fazer piada numa hora dessas?
Ele abaixa a cabeça e passa as mãos no cabelo:
— O que a gente vai fazer, Ada? Eles pegaram meu celular, minhas coisas...
Respiro fundo:
— Como é que a gente foi ser sequestrado?
— Justo no dia do evento?
Balanço a cabeça, concordando:
— No dia de receber o prêmio do CT.
— Caraca, meu irmão. E agora?
Eu olho para ele, irritado:
— Me diz você, Neves! Não foi você que fez o curso na Swat? Me diz, como é que a gente sai daqui?
— E você, empreendedor da segurança, não sabe o que fazer também?
Suspiro.
— Pior que não.
"Calma, Adalberto, calma. Pensa! Pensa! Pensa!"
— Neves, quem você acha que sequestrou a gente? E por quê?
Ele fecha os olhos um instante e responde:
— Eu não faço ideia, cara.
— Puta que o pariu...

— Pois é. Puta que o pariu!

Penso por um momento:

— E se a gente tentar conversar com eles?

O Neves fica olhando para a janela preta entre o fundo da van e a parte da frente do carro, tentando marcar o percurso e o tempo do deslocamento.

— É, é, vamos tentar, Ada. Boa ideia.

— O que a gente vai dizer?

— Não sei, vamos tentar negociar?

— Negociar o que, Neves?

— Eu sei lá, o que eles querem. Um Pix?

— Um Pix, Neves?

Fico olhando para o chão, atordoado.

"Um Pix?"

O Neves começa a bater o braço na parede do carro, gritando para a janela preta:

— Ei, ei! De quanto vocês querem o Pix? A gente faz!

Eu fico só olhando.

"Vai dar merda!"

Ele continua batendo o braço e fazendo barulho:

— De quanto vocês querem o Pix? Fala! A gente vai fazer! É só devolver o celular, cara! Vamos resolver isso!

Eu olho para a janela preta e nada.

O Neves me olha um instante e grita outra vez, batendo o braço na parede da van:

— Caraca, meu irmão, bora fazer esse Pix de uma vez!!!

A janela preta se abre. Um dos sequestradores, mascarado, dá um grito:

— Vamos calar a boca aí atrás, vocês querem morrer?

O Neves fala agora mais baixinho:

CAPÍTULO 1

— Vocês não querem um Pix?
— Caralho, cara! Pix? Vai se foder!
"Vixi, fodeu!"
A janela preta se fecha outra vez.
O Neves me olha com cara de derrota:
— E agora, Ada, cadê a porra do rastreador com pânico?
Balanço o pescoço para os lados:
— Eu não sei, estou confuso.
Eu e o Neves respiramos fundo, ao mesmo tempo.
— Que situação...
— O que a gente faz, Ada?
— Não sei, vamos ter que esperar, em algum momento eles vão dizer alguma coisa.
Presto atenção no barulho do lado de fora:
— Ainda estamos em São Paulo, pode ser que eles nos levem para um banco, sacar dinheiro.
— Sacar dinheiro? Mas o Pix não é mais fácil?
— Esquece o Pix, Neves!
Agora ele fica olhando para a algema com o tecido *pink*:
— E esse negócio *pink* na algema?
"Só agora que ele realmente se tocou?"
— Não gostou, Neves?
— E eu lá vou gostar de *pink*, a minha filha gosta, mas eu..., ai, meu Deus, Ada! A minha filha!
Ele fica de olhos arregalados para cima de mim, pálido.
— Calma, Neves! Vai dar tudo certo!
Mas ele se desespera:

— Não pode acontecer nada comigo, cara, a minha filha...

— Calma, Neves. Vai dar tudo certo!

— Ela só tem quatro anos, Adalberto, eu sou responsável por ela, é o amor da minha vida.

— Neves! Fica calmo, cara!

Mas ele não para de falar:

— O que vão dizer para a minha esposa? Como é que vão falar para a minha menina que eu fui sequestrado? E se eles matarem a gente?

— Neves!!!

— Eu preciso pensar num jeito da gente sair daqui...

Agora ele fica revirando os olhos para toda parte interna do carro e fala ao mesmo tempo:

— Como é que a gente sai daqui, cara? Como é que a gente sai daqui?

— Neves!!!

— Eu preciso sair, a minha filha, Adalberto, a minha filha...

— Neves!!!

— Quê?

— Para, cara!

— Como, para?

— Não tem como sair, a gente vai ter que esperar. Respira, cara!

Neves suspira e se acalma.

— Foco, Neves, não se desespera, pelo amor de Deus!

O carro dá um solavanco e eu caio para o lado.

O Neves grita:

— Cuidado, aí, caralho!

CAPÍTULO 1

— Neves do céu! Não arruma mais problema, por favor? Que tal?

Ele fica me olhando com cara de uó.

O cara olha para mim e brinca:

— Você está parecendo um mendigo assim!

— Mendigo? E você tem alguma coisa contra mendigo?

— Como assim?

Eu encosto a cabeça na parede da van e viajo na minha própria história.

Suspiro:

— Meu avô foi mendigo, Neves!

Olho para ele, que fica boquiaberto:

— Sério, cara? Eu não sabia.

— Verdade.

Ele entorta a cabeça para o lado, desacreditado.

Eu reafirmo:

— Verdade, Neves!

— Me conta essa história!

"Até é bom, pelo jeito a gente vai demorar aqui mesmo."

— Quer mesmo saber, Neves?

— Claro!

Olho para meu amigo e comento:

— Meu avô nasceu em Portugal. Ninguém sabe muito sobre ele, mas se fala que era mendigo na terra dele...

— Mendigo, Ada...

Neves suspira. Eu continuo:

— Depois, ele entrou escondido num navio e veio para o Brasil.

— Caraca, que história... e o que aconteceu com seu avô?

— Bom, ele chegou na zona norte de São Paulo e se estabeleceu por lá. Primeiro, foi trabalhar na feira, vender frutas e verduras, essas coisas.

— Sei.

— Daí, com o tempo, ele decidiu empreender. Começou a comprar terrenos e a investir nisso.

— Deixou de ser mendigo?

Viro de lado:

— Total... se deu bem na vida, se casou, teve dois filhos.

— Sua avó?

— Não, a minha avó e o meu pai vieram depois.

Presto atenção do lado de fora do carro. Ficou mais silencioso, menos carros e semáforos.

— Neves, eu acho que eles foram para uma estrada.

Ele fica atento, com os olhos para cima, como se estivesse pensando:

— O barulho dos outros carros diminuiu muito.

— Onde será que eles estão levando a gente?

Ficamos em silêncio uns instantes.

"Nos proteja, Senhor!"

— Você está com medo, Ada?

— Estou tentando não pensar nisso! Eles devem pedir alguma coisa em troca, vamos manter a calma.

— É, tem razão.

"Neves está assustado. Pudera. Eu também estou."

— Me conta mais sobre o seu avô. Como ele se sentiu, depois de deixar de ser mendigo?

CAPÍTULO 1

    Neves solta um riso, que me ajuda a esquecer a situação bizarra em que estamos.
    Respiro fundo e fico feliz em responder:
— Ah, meu avô continuou um bronco, cara, era cruel.
    Neves ri:
— Como assim, cruel?
— Ele era ruim com meu pai, tratava mal os homens.
    Neves balança a cabeça de um lado para o outro:
— Como assim, tratava mal os homens?
— Ele era um homem simples, bronco, viveu um bom tempo na rua.
— Mas o que isso quer dizer?
— Ele era xucro, até fez o parto do meu pai.
— Quê? Parteiro?
    Neves ri.
    Eu prossigo:
— E meu pai disse que ele nunca pôde tomar banho quente na casa do meu avô, porque ele desligava a luz geral da casa, mas só para os homens.
— Eu não acredito...
— Pois é.
— Como é que se chamava seu avô?
— Artur. E minha avó era Maria.
— As mulheres podiam tomar banho quente?
    Eu rio:
— Elas podiam.
— Sádico esse seu avô, não?
    Espremo os lábios e balanço o pescoço, concordando e continuo:

— Depois de muito tempo, meu avô decidiu vender os terrenos e fez todas as vendas parceladas. Aí, ele se ferrou.

— Por quê?

— Porque foi na mesma época que nasceu a correção monetária no Brasil e ele perdeu tudo. Os terrenos acabaram, que ficaram a preço de banana.

— Nossa... coitado do seu avô.

— Coitado mesmo. Só definhou depois disso.

— O que aconteceu?

Respiro fundo.

— Depois de tudo isso, ele teve que fazer uma cirurgia para catarata. Bronco que era, quando saiu do hospital, tirou o tampão do olho e foi trabalhar na roça no mesmo dia, infeccionou tudo e ficou cego.

— Coitado. Que sina.

Concordo e finalizo:

— Ele entrou em depressão depois disso e ficou quase oito anos na cama, sem fazer nada, até morrer.

Neves suspira:

— Sinto muito.

— É a vida. Eu tinha cinco anos, quando ele faleceu.

"Meu avô, um baita de um empreendedor! Que orgulho!"

— Mas e seu pai? Você? Vocês passaram necessidade por conta disso?

— Não. Meu pai vivia no Larguinho da Ordem, engraxava sapato, fazia serviços para ganhar um dinheirinho e até foi coroinha.

— Você passou necessidade?

CAPÍTULO 1

— Não. Era tudo racionado em casa, mas não passamos necessidade.

Eu me sinto um menino outra vez, como se pudesse voltar no tempo.

"Como as memórias de família são fortes."

Decido mudar de assunto:

— E você, Neves? O que você conta do seu avô? Do seu pai?

Ele se remexe todo, cruzando as pernas, apoiando os cotovelos sobre elas.

— Ah, meu avô foi um boêmio. Na verdade, depois que ele casou com a minha avó, ela fugiu, sabe?

— Como assim, fugiu?

— Ninguém sabe ao certo o que aconteceu, mas eles se separaram e deixou os cinco filhos com meus bisavós.

— Nossa... Então sua mãe praticamente não teve mãe?

Concordo com o queixo e continuo:

— Mas acho que meu avô não se abateu muito, ele trabalhou a vida inteira no governo federal e vivia na boemia. Jogava cartas, gostava de uma boa gandaia.

— Foi feliz!

— Olha, ele se casou, sei lá, algumas vezes, então, eu não sei dizer se ele foi feliz ou não. Acho que sim.

— Esforçado, seu avô!

— Pois é. Ele até escreveu um livro.

— Sério? Seu avô foi escritor?

— E não foi?

Sinto o solavanco do carro e me incomodo com as minhas costas.

"Até que horas vai isso, meu Deus?"

— E seu pai?

— Ah, então, meu pai veio do Nordeste, era uma pessoa muito humilde. Sem condição de se estabelecer, mas veio para São Paulo, né? Em busca de uma vida melhor.

— Naquela época devia ser difícil.

— Foi. Ele entrou num grupo de supermercado, se dedicou muito, começou como auxiliar de serviços gerais, mal sabia ler ou escrever, mas estudou para isso.

— Sozinho, Neves?

— Sozinho. Não tinha onde morar, e foi de tudo, até vigia noturno.

— Ele tinha dois empregos? Quando ele dormia?

— Pois é, acho que não dormia muito. Ele fazia isso para ter onde ficar.

— O nordestino é muito esforçado, cara.

— Sim. Imagina isso cinquenta anos atrás. A cultura não era acessível e ele veio do interior do Nordeste, lugar que não tem água encanada até hoje.

"Uau!"

Suspiro e fico atento.

— Veio de pau-de-arara para São Paulo, se estabeleceu de qualquer jeito, acreditando no sonho que "Sumpaulo" seria o lugar da riqueza.

Penso no preconceito que os nordestinos sofrem e solto:

— Cabeça-chata.

— Por aí.

— Não tem nada de engraçado nisso.

— Não.

CAPÍTULO 1

A gente suspira, olhando um para o outro.
Ele continua sua história:
— Ele foi melhorando as posições no mercado, sabe? Foi subindo.
— No tempo que o esforço era reconhecido.
Concordo, balançando a cabeça:
— Isso. Mudou muito atualmente, Neves.
— O intelectual conta muito mais hoje em dia, só o esforço, sozinho, não vale de nada.
— Triste.
"Meus ombros doem. Como cansa ficar na mesma posição."
Tento alongar os ombros. Neves continua:
— É o jogo corporativo, cara. A política tem um peso maior do que a entrega. Tem que tentar equilibrar as duas coisas. Através da inteligência emocional. Assim se tem um intraempreendedor.
— Como assim, Neves?
— Você não sabe a diferença entre o empreendedor e o intraempreendedor, Ada?
— Claro que eu sei, o empreendedor é melhor.
— O caralho que é o melhor!
Rimos um da cara do outro.
— Vai, Neves, diz aí, então. O que o intraempreendedor tem de bom?
— Você sabe a diferença entre o empreendedor e o intraempreendedor, de verdade?
Eu balanço a cabeça.
"Não estou raciocinando direito."
Meu amigo se empolga no assunto e continua:

— É o quanto ele tolera o risco.

— Explica melhor isso aí, Neves!

— Quando o cara decide empreender, ele arrisca o que ele vai investir, ele aposta na própria ideia e se desvincula de qualquer proteção trabalhista. É ele por ele mesmo.

— Sei. Sei bem como é isso, mas nunca tive medo.

Respiro fundo, sentindo um certo orgulho do meu lado empreendedor por natureza.

"Acho que puxei o meu avô!"

Deixo o Neves continuar seu raciocínio.

— Daí o ganho do empreendedor tende a ser melhor, porque o risco é maior. Porém, se ele apostar em algo errado, a chance de ele quebrar é muito grande, porque ele não tem proteção.

— Fato.

— É foda, muitas vezes o cara que quer empreender tem uma ideia muito boa, mas segue sozinho. Às vezes, não faz análise de mercado, não possui estratégia, o que é essencial hoje em dia, para dar certo.

— Mas Neves, se você acha que intraempreender é melhor, por que você se importa com o empreendedor que não dá certo?

— Cara, eu sou a favor dos dois, embora para mim eu tenha optado pelo intraempreendedorismo.

— Explica melhor esse lance de intraempreendedorismo, vai.

De repente, o carro freia bruscamente. As duas portas da frente são abertas e fechadas com força.

"Ai, meu Deus, o que está acontecendo?"

Olho para o Neves e cochicho:

CAPÍTULO 1

— O que está acontecendo, Neves?
— Não sei...
Silêncio total do lado de fora.
— Será que eles vão nos matar?
— Por quê? A gente nem fez o Pix ainda.
— Chiuuuuu.
— Que foi, Ada?
— Esquece o Pix, cara, ainda não virou o mês, não mudou o mês fiscal.

EXERCÍCIO

Se você pudesse avaliar a sua vida profissional e pessoal neste exato momento, você diria que se sente livre ou num cativeiro?

Veja! Se você trabalha com o que gosta e se sente bem no seu ambiente de trabalho, ótimo! Então você é uma pessoa privilegiada, mas sabemos que a maioria trabalha por subsistência, porque precisa, mas não sente satisfação com a vida que leva.

Invista transparência e alguns minutos em uma reflexão sobre o seu momento de vida atual, respondendo por escrito, ou em sua mente, às perguntas a seguir:

1. Você está feliz com o que faz na sua vida profissional hoje?
2. Você gosta do seu ambiente de trabalho?
3. Você gosta das pessoas com quem trabalha?
4. Quando chega em casa, você está exausto pelo dia que passou ou se sente realizado por tudo que fez durante o dia?
5. De que maneira a sua vida profissional tem afetado sua vida pessoal? Você chega em casa e está feliz ou ressentido e exausto?
6. De que forma a sua vida profissional tem afetado a sua saúde?

CAPÍTULO 1

7. A sua carreira hoje interfere na sua vida familiar e afetiva de maneira positiva ou negativa?
8. Você enxerga possibilidades de melhoria na sua vida profissional?

Se até aqui você percebeu que está feliz com a sua vida profissional, parabéns, você faz parte da minoria. Mas se não está, aceite o convite para abrir sua mente para novas possibilidades, como o empreendedorismo e o intraempreendedorismo, que este livro traz como dois caminhos possíveis e positivos. O que se encaixa mais para você?

Abra-se e se permita novas possibilidades.

Esta simples reflexão e leitura podem transformar toda a sua vida!

CAPÍTULO 2

A FOTOGRAFIA

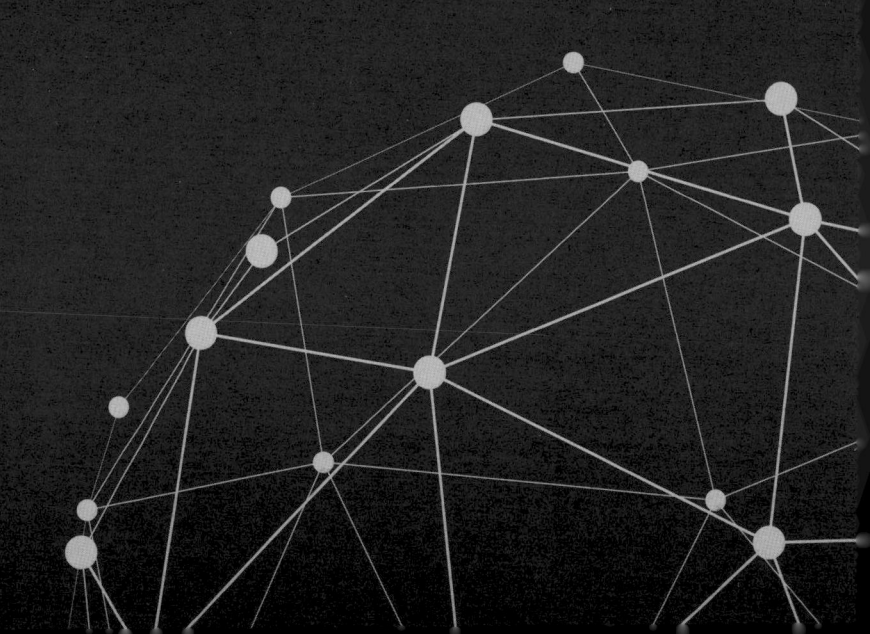

"NÃO QUERO PRESENTES CAROS; NÃO QUERO SER COMPRADA. TENHO TUDO O QUE QUERO. SÓ QUERO ALGUÉM QUE ESTEJA LÁ POR MIM, QUE FAÇA ME SENTIR SEGURA E PROTEGIDA."

DIANA, PRINCESA DE GALES

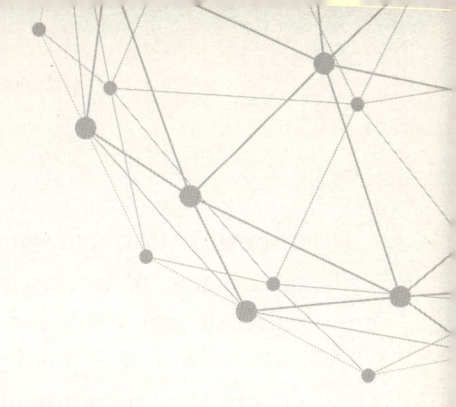

O QUE É O EMPREENDEDORISMO?

Empreendedorismo é algo que deveria ser aprendido na escola, como matéria obrigatória. Porém sabemos que não é assim que acontece. Se matérias como inteligência emocional, educação financeira e empreendedorismo ainda não fazem parte do currículo escolar e da formação educacional de nossas crianças e adolescentes, quando eles se tornam adultos e seguem para o empreendedorismo, se tornam verdadeiros desbravadores.

Não existe ainda um curso na faculdade que ensine a arte de empreender. O bem-sucedido empreendedor tem crescido e feito sucesso na raça, na experiência do dia a dia, nas tentativas e atos corajosos, que partem de si mesmo, como um ato intuitivo, correndo o risco de perder tudo o que se tem, na tentativa de empreender com sucesso.

O empreendedorismo é o ato de criar um negócio próprio, sem a segurança de um emprego fixo, salário, registro em carteira, FGTS, seguro-desemprego e tudo o mais. É uma cartada, que não acertada, pode desestabilizar o empreendedor financeiramente. E, por consequência, toda sua vida pessoal, emocional e familiar. É preciso coragem para ser empreendedor no Brasil.

Algo que deveria ser valorizado e incentivado fica à disposição de quem tem um pouco para investir e muita coragem para arriscar. O empreendedorismo pode partir de um vendedor de picolé ou cachorro-quente, assim como de alguém que monta uma bíblia, empresa com local fixo, funcionários, departamentos de toda ordem, como *marketing*, TI e outros.

O se tornar empreendedor pode ser algo natural, como o talento de quem nasce para vender. Tem gente que tem essa gana na veia, cresce se satisfazendo através das negociações que realiza e se sente feliz assim: é um dom! Mas é possível aprender? Sim, só é um caminho diferente, talvez um pouco mais árduo, mas com finais possivelmente iguais: de sucesso!

O Brasil precisa de empreendedores. Vivemos em instabilidade, o que faz com que muitos percam o seu emprego e a renda familiar. O ato de empreender pode ser a solução para essas pessoas que ficam à mercê de uma oportunidade de trabalho num país que está em crise em diversas áreas e tende a cair ainda mais.

Felizmente, com a *internet*, temos acesso a muitos cursos e informações sobre o ato de empreender, além de cursos de inteligência emocional e autodesenvolvimento, que permitem segurança e firmeza, para as pessoas tomarem decisões mais arriscadas em suas vidas, porém mais assertivas.

Empreender é um talento, sim, mas pode e deve ser aprendido, pois tem o potencial de melhorar a vida das pessoas, de um bairro, de uma cidade e de toda uma nação!

CAPÍTULO 2

Coragem!
E boa sorte!

...

Eu e o Neves estamos olhando um para a cara do outro, tentando entender os ruídos que vêm do lado de fora.

Ouvimos alguns passos e logo o barulho de alguém mexendo na porta.

"Ai, meu Deus do céu! Eu prometo, que se eu sair vivo daqui, eu me torno uma pessoa melhor! Eu juro!"

— Ada, o que eles vão fazer?

— Eu não sei, Neves!

A porta faz um barulhão e damos de cara com os dois sequestradores mascarados:

— Atenção, vocês dois. Vocês vão fazer uma foto, agora!

Eu fico sem fala.

"Foto?"

Olho para o Neves, que me pergunta:

— Foto?

Dou de ombros e levanto a sobrancelha.

"Que caralho!"

— Bora, bora, de joelhos: os dois!

Eu fico de joelhos e encaro o Neves, para ele fazer a mesma coisa.

"Deus queira que ele não lembre do Pix."

Mas ele não se segura:

— Cara, o que vocês querem? Não dá para a gente conversar?

— Não! – um dos mascarados responde, batendo a mão no ombro do Neves.

O outro sequestrador abre uma sacola e pega duas maçãs.

"Maçãs? Como assim?"

O outro pega o que parece ser duas vendas.

O que está com as vendas nas mãos se aproxima:

— Eu vou vendar vocês para a foto! Quietinhos!

"Pqp!"

Eu fico quieto, torcendo que seja só isso.

"Eles vão mandar essa foto para quem?"

— Eu não quero ficar vendado. – o Neves resmunga.

Sinto o cheiro do sovaco do cara de novo.

"Que nojo! Sai de cima de mim!"

— Ai!

"Quieto, Ada, calma, respira. Aliás, não respira, que aí você não sente o cheiro."

Paro de respirar.

"Ufa, terminou!"

Percebo pelos movimentos que o cara está vendando o Neves agora, que já reclama:

— Calma, irmão, devagar, não aperta!

"Irmão? Irmão? Esse Neves não consegue calar a boca?"

Do nada, sinto o cara empurrar a maçã na minha boca. Tento falar:

— Aaaa, oo quee ééé isssooo? Nãooo.

— Cala a boca vocês.

Pelo barulho, ele está fazendo a mesma coisa com o Neves:

CAPÍTULO 2

Escuto o Neves resmungando com a outra maçã na boca:

— Euuu náooo gosto de maçãããã.

"Mas que caralho!"

— Agora a foto. – um deles diz.

Percebo um *flash* de luz e ouço um riso.

"Os caras são sádicos ainda por cima?"

— Ah, ficou uma gracinha.

"Não acredito!"

Eles tiram a minha venda e a do Neves.

— Pronto, a maçã vocês podem comer!

O cara me empurra e depois joga o Neves para trás. Fecha a porta e ouço o barulho deles voltando para a parte da frente do carro.

— O que foi isso, Ada?

Eu me sento direito na van e fico olhando para o Neves, que faz o mesmo.

Decido comer a fruta. O Neves também.

"Sabe se lá quanto tempo a gente vai ficar sem comer."

O Neves volta a falar:

— Cara, eu não estou entendendo nada. Para quem eles vão mandar essa foto? Vão pedir resgate para a família?

Eu me sinto confuso.

"Difícil pensar desse jeito!"

O carro liga outra vez e sai, em disparada.

Balançamos um tanto e, em pouco tempo, parece que estamos na estrada novamente.

Olho para o Neves:

— Que tiro foi esse, cara?
— Caraca, Ada, eles vão mandar a foto para a minha esposa, ela vai ficar apavorada, minha filha...

Neves começa a chorar. Joga o resto da maçã para o lado. Eu termino a minha rapidamente.

— Neves, calma! Eles podem estar fazendo isso para aterrorizar a gente, faz parte do trabalho deles, você sabe.
— Será?

Ele suspira. Eu reforço:

— Claro! Fica calmo, cara! Você sabe como essas coisas funcionam. E se tiraram foto é porque tem negociação.
— Como é que vou ficar calmo? Eu estou desesperado.

Ele limpa o rosto com o braço.

"Coitado, está pensando na filha dele. Natural. Se eu tivesse filhos, também estaria desesperado!"

— Vamos continuar conversando, Neves!
— Conversando?
— É o jeito, assim a gente mantém a calma.
— Tá. Pode ser.

Ele me olha, esperando que eu inicie um assunto.

"Tudo eu, tudo eu!"

— O que a gente estava falando? Não era do seu intraempreendedorismo?

Ele levanta os olhos para o teto da van um segundo e resmunga alguma coisa.

— É, é, vamos lá, vamos falar sobre intraempreendedorismo.

CAPÍTULO 2

Dá para ver que ele está se esforçando para manter o equilíbrio.

"Que foda!"

— Isso, Neves, me explica isso aí na prática, porque eu só entendo de ser um empreendedor fantástico.

"Vou provocar a figura, para distrair!"

— Que metido, você!

E funciona!

"Bingo!"

— Vai, Neves, fala do intraempreendedorismo, me explica direito como é isso na prática.

Ele se balança um pouco, acho que tentando se concentrar de verdade na resposta.

"Não é fácil!"

Ele fala:

— Ada, eu sou um intraempreendedor porque tenho espaço na empresa que trabalho para isso.

— O que é ser intraempreendedor, Neves?

Insisto para ele focar nisso.

"E esquecer o resto..."

— É você ter as mesmas iniciativas que teria, se fosse um empreendedor, mas dentro de uma empresa.

— Hum. Não entendi.

— Veja bem. Eu, desde que estou na empresa em que trabalho, já fiz inúmeros projetos, criei procedimentos, protocolos, fiz eventos e várias coisas, que nunca me foram solicitadas.

— Verdade, eu sei bem disso. Você é proativo!

— O intraempreendedor é sempre proativo!

— Faz sentido!

Agora ele até consegue sorrir.

"Que bom. Ufa!"

Ele volta à sua narrativa:

— Então. A empresa me dá espaço para criar, inovar e eu vivo inventando coisas.

— E o que você ganha com isso?

Vou insistir.

Ele entra na dança, felizmente:

— Bom, primeiro, que eu amo o que eu faço e o lugar que eu trabalho, justamente por isso.

— É... cria uma relação de confiança, né?

— Não é só isso, tem o reconhecimento, o clima, a satisfação, eu realmente sinto como se fosse parte da empresa.

— Você é parte da empresa.

— Sim, mas é de corpo e alma, eu amo estar ali.

— E financeiramente?

— Olha, eu sempre ganho uma participação nos lucros acima da média, o que eu imagino ser a minha recompensa material pela minha performance, mas eu não faço por isso. Embora eu me sinta merecedor disso, eu faço porque faz parte da minha personalidade.

Presto atenção no barulho do lado de fora. Realmente parece que estamos numa estrada já bem longe de São Paulo.

"Assustador, meu Deus! Vou manter a calma, ou pelo menos fingir que a tenho."

— Pois é, Neves, você não para quieto.

— Eu preciso de desafios, Ada. Se eu não tiver desafio, não vai...

CAPÍTULO 2

Olho para todos os lados e penso, mas em silêncio.
"E esse desafio aqui?"

— É interessante a sua história, porque pelo que você contou, seu avô foi um funcionário, todo certinho, já o meu avô foi empreendedor. Será que a gente puxa os avós e não os pais?

Ele põe a mão no queixo.

— Ada, você sabe que pode ser, viu?

— Por quê?

— Porque meu pai foi um excelente empreendedor, mas eu me incomodava muito com aquilo.

— Como assim se incomodava, Neves?

— Porque ele vivia para o trabalho, dia e noite, sábado, domingo, tudo girava em torno disso.

"Eu adoro isso."

Rio por dentro.

— Mas isso não é bom?

— Para mim, não, a minha vida parecia ser diferente de todos os amigos da escola. Eu nunca pude viajar, tirar férias, sair de perto da loja do meu pai.

"Hum, interessante ponto de vista!"

— Do que era a loja do seu pai?

— Então, meu pai não era um cara estudado, mas ele montou uma loja perto do Porto de Santos e explorou a oportunidade de vender calças jeans por ali.

— Calça jeans?

"Uau! Bela sacada!"

— Sim, naquela época não era uma coisa fácil de comprar e nem estava na moda, mas para quem trabalhava no porto, precisava de roupas mais douradoras por isso, preferiam jeans e ele montou uma loja, depois outra e mais outra, e foi crescendo.

— E você não gostava de vender?

— Eu? Eu não!

"Gente, como não? Eu simplesmente amo vender!"

— Você nunca vendia nada?

— Eu, no máximo, empacotava o que era vendido, ficava fazendo lição de casa, enquanto estava no balcão da loja.

"Interessante, tão diferente de mim."

— Eu amo vender, Neves! Sempre amei! Você não tem noção do prazer que eu sinto em vender em alguma coisa, acho que é uma coisa que está no sangue mesmo, tenho isso desde pequeno.

— Conta aí alguma coisa.

— Então, o meu pai era o contrário do seu, todo certinho, primeiro entrou na CTBC, como ajudante, que depois virou Telesp, e passou a vida lá, trinta e cinco anos, até a empresa se tornar a atual Telefônica. Subiu nas funções, mas nunca saiu disso.

— Hum.

— E passou a vida inteira com o discurso de que a gente tinha que ter um bom emprego, aposentadoria e família. Isso era tudo.

— E não está bom?

— Claro que não! Eu nunca quis a vida nesses moldes.

— Sério?

Passo a mão na cabeça, pensativo:

CAPÍTULO 2

— Eu preciso de desafios também, mas de vender. E outra, já naquela época, quando eu tinha 11 anos, eu falei para o meu pai que, quando ele fosse velho, que o governo não ia ter dinheiro para pagar a aposentadoria de todo mundo.

— Oi? Você disse isso com 11 anos de idade? Como você conseguiu prever isso?

— Cara, porque já era óbvio para mim, mas meu pai ficou puto.

Neves dá uma boa gargalhada.

— Um pirralho trazendo verdades, naquela época. Quem ia escutar?

— Pois é, ninguém!

Eu rio.

"Como eu estava certo, mesmo sendo um moleque, eu já percebia o que para mim era óbvio."

— Caraca, que foda, Ada, me conta mais.

Eu me ajeito de outra forma no assoalho.

"Como é duro isso aqui."

O Neves se movimenta também, é muito desconfortável.

— Então, tudo o que eu queria era diferente do que meu pai falava.

— Você se inspirava no seu avô?

— Não sei, se me inspirei, foi de forma inconsciente. Eu acho que sim, mas foi algo que só percebi há poucos anos.

— Tá, tá, me conta então. Quando é que começou esse lance de querer vender as coisas?

Percebo um sorriso de orelha a orelha.

"Como eu amo o que faço, meu Deus!"
— Então, eu fiz um curso de computação gráfica quando eu tinha 12 anos.
— Hum.
— Daí, eu comecei a fazer cartões de visita e vender por todo o bairro.
— Ah, legal, cara. Cartão de visita naquela época era superimportante.
Respiro profundamente e solto devagar.
"Relax! Apesar do absurdo."
— Você acredita que, até hoje, tem uma tapeçaria que ainda usa o logo que eu vendi para eles, naquela época?
— Ah, fala sério, Ada!
— Estou te dizendo.
Ele balança a cabeça, desacreditado.
— Eu vendia de comércio em comércio, nem acho que ganhava muito dinheiro, mas era pelo prazer de fechar a venda.
— O prazer de convencer alguém?
— Isso! De fechar uma negociação, de convencer a pessoa a comprar uma coisa minha.
— Que louco isso, cara, mas eu acho que entendo.
— Como, Neves?
— Eu não tenho prazer em vender, mas tenho um prazer enorme em tentar convencer as pessoas das minhas ideias.
— É, é isso!
Ficamos uns segundos em silêncio.
Presto atenção no barulho do lado de fora.

CAPÍTULO 2

— Neves, quanto tempo a gente está dentro da van?

Ele olha para o pulso:

— Estou sem relógio.

— Eu também.

— Mas eu acho que já faz uns cinquenta minutos, não sei. O nervosismo parece que muda a noção do tempo.

— É!

Suspiramos ao mesmo tempo.

— Vai, Ada, me conta mais aí das suas vendas, quando era moleque.

Eu bato a mão na testa.

— Você não vai acreditar, cara!

— O quê?

— Eu estava juntando dinheiro para pintar a minha bicicleta.

— Pintar a bicicleta, Ada?

— É, eu tinha uma bicicleta na época, mas eu queria pintá-la de laranja fosforescente...

Ele me interrompe:

— Laranja? Fosforescente? Que brega!

— Que brega, o quê?

— Laranja, Adalberto? Não podia ser verde limão?

— O que você tem contra a cor laranja?

— Berrante, não?

— E daí?

Ele cai na gargalhada.

"Por um lado, é bom."

— Eu gosto de laranja, saco.

— Tá bom, tá bom. E conseguiu pintar a bicicleta de laranja?

Respiro com a mesma satisfação que senti na época:

— Consegui, consegui.

Risos.

"Eu não acredito. Ele está fazendo pouco caso da minha bicicleta laranja."

De repente, o Neves fecha a cara.

"Será que foi algo que eu falei?"

— O que foi, cara? Não gostou mesmo da minha bicicleta laranja?

Ele balança o pescoço, encostado no assoalho do carro e olha para cima:

— Não é isso, Ada, é que o que marcou a minha infância de verdade foi essa coisa dos meus pais estarem sempre às voltas do comércio do meu pai.

— Hum. O dia seguinte na escola, parecia que sempre o meu fim de semana e o meu dia anterior tinham sido piores.

— Como assim?

— Ah, meus amigos viajavam, jogavam bola, brincavam. Eu não tinha nada para contar, eu sempre ficava na loja com meu pai. Não tinha graça nenhuma e o máximo que eu andava de bicicleta era na calçada do Centro de Santos, na rua do comércio, com um monte de gente atrapalhando.

"Será que eu teria achado graça? O pior é que eu acho que sim. Ia vender jeans feito um louco!"

CAPÍTULO 2

— Não fique chateado, Neves, eu nem ganhava dinheiro com nada do que eu fazia, era só pelo prazer de vender.

Ele espreme os lábios e chacoalha a cabeça:

— A questão não é essa, cara, é que eu não tive infância direito, sabe? Não foi divertido.

— Mas foi traumático?

— É, isso, não.

Suspiro.

— Eu vou fazer diferente com a minha filha, a Bia.

— Claro que vai.

— Vou, para começar, ela vai ser o que ela quiser. Eu nunca vou dizer o que ela tem que fazer.

Eu rio.

"Duvido."

Ele já volta atrás:

— Se bem que eu não gostaria de ver a minha filha atrás de um balcão de negócios.

— Mas e se for o que ela quer?

Ele me encara sério:

— Bom, se for o que ela quer, até eu vou atrás do balcão com ela.

Eu rio.

— A gente não puxou nossos avós?

Ele não responde.

Eu aperto:

— Vai que ela puxa o seu pai?

— Jesus amado, Adalberto, eu não tinha pensado nisso.

— Pois pense, meu caro! Nós não comandamos nossos filhos.

— Mas por Deus, o quanto a gente deseja o melhor para eles.

Tudo isso é muito engraçado.

Eu retorno ao assunto:

— Meu pai vivia me dizendo o que eu tinha que fazer, era um saco.

— Eu acho que era da geração deles, hoje em dia existe mais respeito com a individualidade dos filhos.

Balanço a cabeça:

— Isso é uma grande verdade!

Ele comenta:

— Mas agora você me fez pensar, cara.

— No quê?

— E se minha filha quiser empreender?

— Ué, qual é o problema?

— Eu não espero que ela tenha uma vida igual meus pais.

Eu rio.

— Neves, a tendência é que as gerações melhorem, ela vai ser melhor do que você e do que seu pai, não se preocupe.

— Será?

— Claro, até porque, não deve ser difícil ser melhor do que você, o cara que gosta de levar choque.

Ele se exalta e já rebate:

— Eu? Eu não gosto de levar choque, só levei porque estava em um treinamento.

— E desde quando o choque nisso parece normal?

— Não parece, mas faz parte, para saber como que era, se você quer aplicar tem que ser aplicado.

CAPÍTULO 2

— Você é louco, Neves, por Deus!
Respiro fundo e fico calado um tempo.
"Por quanto tempo já estamos sequestrados? Será que o pessoal do CT chamou a polícia?"
— Neves, será que o pessoal do prédio chamou a polícia?
— Ah, deve ter chamado, não é normal uma van subir em cima da calçada com dois caras armados com metralhadoras para levarem duas pessoas que estavam ali, esperando um outro carro.
— Pois é.
Movimento minhas pernas um pouco.
O Neves começa a se movimentar também.
— Dói tudo ficando sentado aqui.
— Percebi.
Torço o pescoço para os lados e escuto o som dele estralando dos dois lados.
O Neves me imita.
"É bom, afinal, por quanto tempo a gente vai ficar assim ainda?"
— Ada, quanto tempo faz, cara? Está um silêncio do lado de fora.
— Engraçado que não dá para ouvir nada deles lá na frente.
Olho na direção da janela preta.
— O barulho da estrada e do carro sobrepõe-se a qualquer barulho que eles façam.
— Foda.
— É foda.
Resmungo qualquer coisa.

— Ada?

— Quê?

— Será que estão procurando a gente? Cadê a porra do rastreador e o botão de pânico? Você não é o cara da Segurança Eletrônica?

— De novo essa história de botão de pânico? Eu não sei, Neves, mas com certeza estão procurando a gente.

Silêncio.

Volto a movimentar um pouco as minhas pernas, os braços e o pescoço. Fecho os olhos e tento me manter calmo.

"Estou cansado!"

Melhor voltar a falar, antes que o Neves se lembre do Pix ou da filha dele.

— Neves?

— Hum?

— E se a Bia quiser ser empreendedora? Você vai tentar convencê-la a ser intraempreendedora?

Ele estala os olhos:

— Caraca, Ada, eu não sei.

— Como não sabe?

Fico olhando sério para ele, que responde:

— Ela só tem cinco anos, eu só quero que ela seja feliz. Esse momento da vida dela é de brincar, se divertir, ser amada, eu não planejo nada para ela além disso.

— Você quer que ela tenha o que você não teve?

Ele suspira.

— Exatamente, tudo o que eu não tive.

"Não resisto a uma provocaçãozinha..."

CAPÍTULO 2

— Eu acho que ela vai ser empreendedora, igual seu pai!

Eu solto uma gargalhada.

"Adoro ser sarcástico!"

— Ada, vai se foder! Ela vai ser da Segurança ou o que ela quiser!!! Segurança, certeza....

Eu rio.

— Credo, cara, que mau humor.

Risos.

Neves fica sorrindo e balançando a cabeça.

— Ontem eu dei um brinquedo para ela.

— Que brinquedo?

— Era uma fazendinha... com vários bichinhos.

Ele começa a rir e tapa a boca ao mesmo tempo.

— Tinha até uma galinha, igual à Eusébia.

Ele ri descontroladamente.

— A Eusébia, cara? Como você foi lembrar da Eusébia agora?

Eu caio na gargalhada também.

"Como pode a gente rir desse jeito no meio de um sequestro? Que louco isso."

Rimos mais, um olhando para a cara do outro.

— Por que você não para de rir, Neves?

— Eu... eu... eu estou pensando, pensando... na Eusébia.

Rimos ainda mais.

— Bem que a Eusébia podia estar aqui. Imagina ela aqui do nosso lado.

Eu rio alto, pensando na Eusébia sentada aqui na van com a gente.

— Que cor ia ser a algema da Eusébia?

Eu seguro o estômago, de tanto rir.

— O resgate ia ser mais caro com a Eusébia, ainda bem que ela não veio.

Rimos agora bem mais alto.

— A gente está rindo de nervoso, Neves. Não faz sentido a gente rir desse jeito.

— Eu sei lá porque a gente está rindo, mas que a Eusébia é engraçada, ah, isso ela é.

De repente a janela preta se abre:

— Posso saber do que as maricas estão rindo aí atrás?

"Maricas? Como assim?"

— Da Eusébia!

"Eu não acredito, o Neves respondeu, retardado!"

— Eusébia? Quem é Eusébia? – O sequestrador pergunta.

— É uma galinha.

O sequestrador fica olhando para a gente uns segundos.

— Uma galinha? Vocês estão rindo de uma galinha?

— É a nossa mascote, no CT Segurança...

O sequestrador não deixa terminar:

— Esqueçam a galinha e calem a boca, vocês me acordaram.

"Pqp!"

— Desculpa aí, cara.

"O cara estava dormindo no meio do sequestro?"

Ele continua:

— Eu vou cochilar de novo, calem a boca...

Ele fecha a janela.

CAPÍTULO 2

"Eu não acredito!"

Eu e o Neves ficamos olhando um para a cara do outro.

"Melhor não falar mais da Eusébia."

O Neves olha para mim, faz bico e põe o dedo em frente à boca:

— Chiuuuu.

"Não acredito!"

— Chiu você!

— Você que começou!

— Você começou! Eu estava falando da sua filha e você que trouxe a Eusébia para a conversa.

— Eu não, eu estava falando de intraempreendedorismo e você que me distraiu.

— Você que lembrou da Eusébia por causa do presente que você comprou para sua filha, está louco, Neves?

— Mas foi você que começou a rir!

O carro freia com tudo e para no acostamento.

"Jesus, Maria, José! Acordamos o sequestrador de novo!"

Ele abre a janela:

— Vocês estão loucos?

Ele mostra uma arma de choque e dispara, fazendo aquele barulho aterrorizador.

— Eu vou precisar ir aí atrás para calar vocês?

Balanço a cabeça em sinal de negação e fico olhando para o chão.

"Eu não quero tomar choque, senhor sequestrador. Dá no Neves, que já está acostumado com isso aí. Eu não!"

O Neves fica quieto e abaixa a cabeça.
O cara fecha a janela e eu relaxo o corpo.
"Ufa!"
Respiro fundo e fico mudo.
O Neves fala baixinho:
— Ada?
Eu respondo, cochichando?
— Quê?
— Chiuuuuu!
Balanço a cabeça.
"Eu não acredito!"

EXERCÍCIO

1. Você sente que o empreendedorismo pode ser um caminho para você?
2. Tente se autoanalisar e preencha a tabela abaixo com um X à frente de como se percebe. Que características definem mais você no trabalho?

	Introvertido		Extrovertido
	Acomodado		Proativo
	Gosta da zona de conforto		Gosta de mudanças
	Prefere seguir um conjunto de regras		Prefere criar regras próprias
	Sente-se bem como empregado		Tem vontade de ser o dono de uma empresa
	Gosta da segurança de um salário e os benefícios da CLT		Gosta da possibilidade de ganhar mais, ainda que corra riscos
	Não tem vontade de ser responsável por um projeto grande como uma empresa		Gosta do desafio de criar uma empresa do zero, mesmo sem o conforto de um emprego mais seguro

Quanto mais marcações você fez do lado esquerdo, mais propenso você está a trabalhar como funcionário.

Mais marcações do lado direito, mais propenso você está a seguir pelo empreendedorismo. Então, foque neste caminho, a partir de agora, lendo este livro, e na sua vida.

No próximo capítulo, você poderá saber se o intraempreendedorismo é um caminho para você, caso suas marcações tenham ficado em maior parte do lado esquerdo da tabela.

y
CAPÍTULO 3

ÁGUA, POR FAVOR...

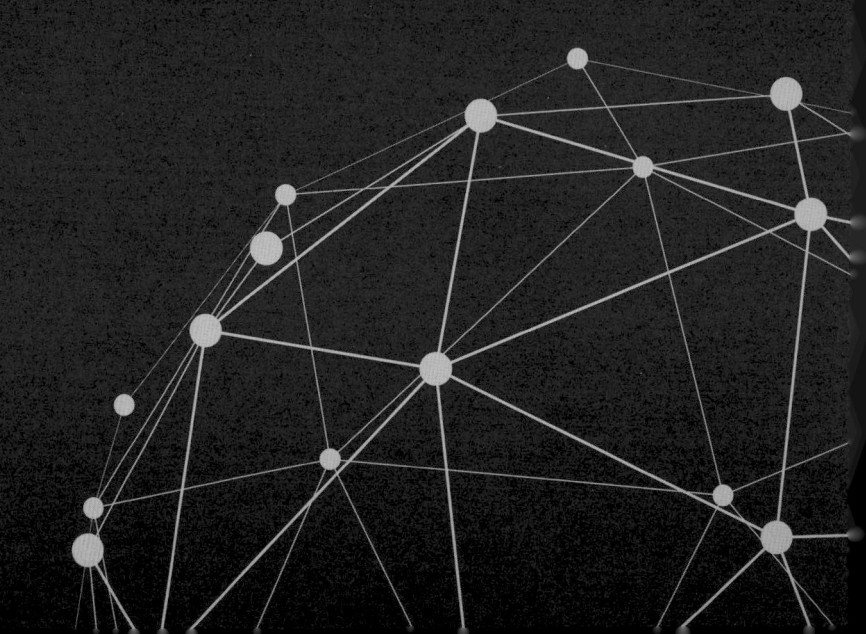

"SOU UMA TARTARUGA ESCONDIDA
EM SEU CASCO, BEM PROTEGIDA."

JANIS JOPLIN

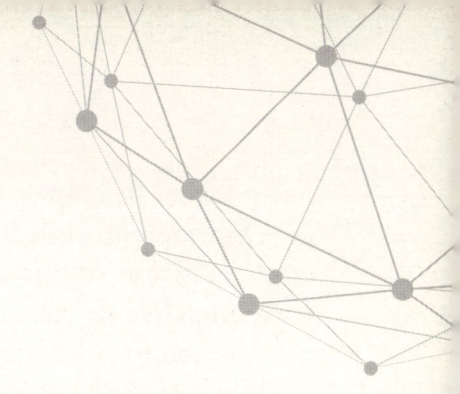

O QUE É O INTRAEMPREENDEDORISMO?

O intraempreendedorismo é um comportamento típico de empreendedor, porém, que ocorre em colaboradores, dentro de uma empresa. É alguém que tem as mesmas motivações e pró-iniciativas de um empreendedor, mas que prefere atuar num emprego fixo, porque se sente bem dessa maneira, e também seguro, sem os riscos do empreendedorismo.

Nem todo funcionário tem esse perfil, bem como nem toda empresa sabe identificar um indivíduo com essas características, valorizá-lo e dar espaço para que atue dentro da organização. O que é uma pena, pois pessoas intraempreendedoras têm o potencial de agregar e acrescentar muito ao local em que trabalham.

As pessoas que se abalam pelo fato de a empresa não ver o seu valor e diminuem seu ímpeto de intraempreender não seguem o melhor caminho. O ideal é continuar intraempreendendo, até a empresa notá-las ou irem para outra empresa que as note. Ou se empreende ou se intraempreende, não existe outra opção para ter sucesso. Quem não é nenhum dos dois está fadado ao fracasso, e uma empresa não saber dar valor, não pode ser desculpa para deixar de intraempreender.

O intraempreendedor é visionário, assim como o empreendedor, só que corre menos riscos e costuma ter a iniciativa de criar inúmeros projetos onde atua, mesmo que nem lhe seja solicitado.

Para quem não compreende esse perfil incrível de comportamento profissional, pode até apontar o dedo para o intraempreendedor como uma pessoa atrevida, que não sabe se colocar em seu lugar ou ainda um grande enxerido, o que é uma tremenda inverdade.

O senso visionário e proativo do intraempreendedor faz com que ele identifique os pontos fortes e fracos no local onde atua, o que pode acabar se estendendo para toda a empresa, se lhe permitirem espaço para isso, ou seja: autonomia!

O intraempreendedor pode ser a solução para muitos problemas de uma empresa, pois os gestores, como diretores e gerentes, não podem ver tudo e a todos o tempo todo. O intraempreendedor acaba fazendo parte dessas funções, levando aos gestores os problemas que eles não estão vendo ou conseguindo identificar e menos ainda encontrar as soluções, e então a participação do intraempreender faz toda a diferença.

E se um intraempreendedor faz a diferença numa empresa, imagine vários! É acréscimo, atrás de acréscimo. Infelizmente, a maioria das empresas ainda não sabe identificar e valorizar esse tipo de profissional, o que faz com que o esse profissional saia da organização em busca de um lugar, onde ele possa atuar e se satisfazer com os próprios desafios. Só que a empresa perde muito mais e, às vezes, ou muitas vezes, nem se dá conta disso.

A pergunta que muitas pessoas fazem é sobre o que ganha o intraempreendedor, pois geralmente não está relacionado a ganhos salariais. Estamos falando de propósito, de entregas de satisfação, ao se fazer muito além de suas atribuições e, acima de tudo, ajudar as corporações a alcançar objetivos diferentes com menores esforços. É agregar valor diretamente ao negócio e, por consequência, ser reconhecido como um profissional importante para o ecossistema em que se está inserido. Salário é consequência pelo reconhecimento profissional.

O intraempreendedor tem sorte quando compreende a si mesmo e busca um lugar onde aplicar o seu talento e energia! E a empresa, quando compreende o potencial que tem, não perde esse funcionário jamais!

...

Eu e o Ada continuamos na van, que depois de rodar por volta de meia hora em linha reta, agora parece rodar em círculos.

Eu cochicho:

— Ô, Neves, parece que eles tão numa rotatória, cara...

Ele cochicha de volta:

— Mas que raios é isso?

"Pior que agora a gente nem pode conversar direito!"

Sinto meu corpo se movimentar junto com as voltas que a van está fazendo.

— Puta que o pariu, Ada, o que esses caras estão fazendo?

"Ai, Jesus, que o Neves fique quieto, pelo amor de Deus."

Respondo baixinho, lembrando que ele tem que falar baixo também:

— Eu não sei, será que eles se perderam?

De repente, eles param com as voltas e seguem novamente numa direção, que parece ser uma linha reta.

"Ufa!"

— Ada?

— Hum?

— Tô com fome.

— Eu também.

"E estou cansado!"

— E tô com sede.

— Eu também.

"Caralho!"

— E agora?

— Não sei.

Nós dois nos olhamos e suspiramos ao mesmo tempo.

— Vamos conversar baixinho, Ada?

Balanço a cabeça, concordando.

"Tá foda esse sequestro!"

— Ô, Neves, mas não vai falar da Eusébia, cara, já deu merda da última vez.

— Saudades da Eusébia numa hora dessas, Ada.

"Não acredito!"

Decido mudar o rumo da conversa, antes que a gente se empolgue de novo.

CAPÍTULO 3

"Isso porque estamos no meio de um sequestro, meu Deus!"

Sussurro:

— Como é que foi sua adolescência, Neves? Me conta!

"Falar sobre qualquer coisa agora é melhor do que esse silêncio e o pavor da situação!"

Neves se ajeita numa nova posição e sorri:

— Ah, minha adolescência não foi lá grande coisa. Acho que a minha vida começou a ficar boa mesmo foi quando eu fui para o Exército.

"Ele parece feliz falando disso."

— Exército, cara?

— É... eu não queria ir, mas acabei indo e tendo uma das maiores lições da minha vida.

— Lições? Fala aí.

Felizmente, ele continua falando baixo:

— Quando você está lá dentro, tem que seguir as regras, não tem jeitinho, e você precisa ter muito jogo de cintura para atravessar os desafios, que são constantes.

— Sei.

"Meu estômago está roncando. E minha boca está seca. Será o nervosismo?"

Neves está focado na história dele.

"Ufa!"

— Se você está numa equipe e uma pessoa erra, todo mundo vai pagar por esse erro, independentemente de quem for a culpa, isso é espírito de corpo, entenda, espírito de corpo e não de porco!

— Pesado.

O Neves se empolga:

— É, mas ao mesmo tempo, ensina espírito de equipe. No início, fica todo mundo perdido e meio revoltado com a forma, como as coisas funcionam lá dentro.

— Imagino.

— Mas com o tempo, um começa a proteger o outro, todo mundo se ajuda, para a equipe inteira poder vencer, seja o que for.

— Faz sentido.

Respiro fundo e continuo quieto, dando espaço para o Neves contar a história dele, que continua:

— Cria-se uma irmandade, Ada. Meus melhores amigos vêm de lá, somos até hoje 27 pessoas, que se ajudam para tudo, a qualquer momento.

— É como se vocês tivessem ido para a guerra juntos?

Ele balança a cabeça e estufa o peito, todo orgulhoso.

— Nem tanto, mas a ideia é essa!

Fico quieto e atento. Mas o Neves não consegue ficar quieto muito tempo:

— E você, Ada? Como foi a sua adolescência?

"Viajo no tempo!"

— Cara, eu comecei a trabalhar com 16 anos.

— Dezesseis?

— É, mas não foi por necessidade, foi porque eu queria mesmo, sabe? Eu tinha ânsia de vender.

Neves ri.

— E vendia sem ganhar dinheiro?

CAPÍTULO 3

Concordo e rio:
— Exato!
Eu me ajeito na van, porque é muito duro e frio esse assoalho.
"Que porcaria!"
— Mas com o que você foi trabalhar?
— Eu praticamente criei uma empresa de computadores. No início, fazia pequenos trabalhos como instalação, formatação, até chegar a montar cabeamento de uma rede inteira de computadores.
— Caraca, Ada! Com 16 anos? Como é que foi isso?
Estralo o pescoço para os lados, antes de responder:
— Ah, todas as empresas que eu trabalhei eram pequenas, me pagavam atrasado, não era fácil, mas foi lá que eu iniciei minha carreira como empreendedor.
— Mentira!
— Como, mentira?
— A carreira de empreendedor começou com a bicicleta laranja indo vender cartão de visita, lembra? Bem antes, quando eu tinha uns 13 anos.
Neves põe a mão na boca para segurar a risada e olha para a janela da van.
"Ai, Jesus nos proteja!"
Eu rio também e prossigo:
— É mesmo. Mas eu comecei arrumando o computador de conhecidos, da família, amigos...
— Sei.
— Até o dia que meu pai me indicou para uma empresa de amigos dele.
— E aí?

— A empresa tinha acabado de ser comprada por outra, com isso, alguns diretores saíram e abriram a própria empresa deles.

— Amigos do seu pai?

— Sim, de certa forma sim. Ex-colegas de trabalho.

— E?

— Daí eles estavam precisando de alguém que mexesse com computadores e meu pai entregou meu cartão, dizendo que eu era filho dele e trabalhava com informática.

"Paizão!"

— Foi bom?

— Muito. No início, eram quinze computadores, mas o negócio foi crescendo rapidamente e eu sempre ficava lá, à espreita, pronto para atender qualquer necessidade que aparecesse.

— E haja necessidade, quando é informática.

— É, mas naquela época era pior.

— Ou melhor, né? Já que você era o fornecedor.

Suspiro.

"Ele tem razão. Melhor!"

— Sim. E depois, eles tiveram que contratar setecentos funcionários em um mês.

— Porra, em um mês?

Balanço o pescoço:

— Sim. E quem estava lá para fazer a estrutura desse povo todo?

Eu me sinto orgulhoso.

— Você já era esperto assim com 16 anos, Ada?

— Atrevido, né?

CAPÍTULO 3

— E se deu bem?
— Em partes, sim, em partes, não.
"Presto atenção ao barulho de fora da van, percebo que mais carros estão passando agora."
Nossa conversa continua, com o Neves me questionando:
— Por quê?
— Porque eu não sabia ganhar dinheiro, não sabia administrar. Eu vendia bem e me colocava à disposição, mas não tinha experiência o suficiente, para tudo que viria depois.
— Conta aí.
— Então, eu até me emancipei para poder abrir uma empresa.
Neves ri:
— Uau! Emancipado aos 16, que chique. – ele fala, meio que debochando.
Eu continuo:
— Em dois anos e meio, eu vendi uma estrutura de quatrocentos computadores, que a empresa precisava, e fiz a rede de quinze escritórios que eles montaram.
— Caraca, Ada, tudo isso?
— Pois é. Com 18 anos, eu já ganhava bem mais do que o meu pai.
— Esse devia ser o sonho do meu pai para mim.
— Verdade... fomos trocados na maternidade.
Rimos.
— Mas e aí?

— Imagina que, nessa idade, eu contratei três pessoas de 40 anos que trabalhavam na empresa, onde meu pai trabalhou a vida inteira.

— Seu pai deve ter sentido orgulho.

— É, acho que sim, mas a história não foi boa o tempo todo.

— Nunca é, né?

Solto o ar lentamente, e respondo:

— Não sei, acho que depois que a gente adquire experiência, as quedas não são tão bruscas.

— O que aconteceu?

— Veja, eu vendia computador pelo prazer da venda, não sabia fazer preço, muito menos lucro.

— Moleque de tudo também, né? Pudera.

— E depois eu me meti a aprender a fazer cabeamento de rede.

"Boas lembranças!"

— Fez um curso?

— Nada... me pediram cabeamento e eu vendi, sem saber como ia fazer.

— Uau.

— Depois, achei alguém para fazer, conheci o cara na hora do serviço, deu bastante trabalho, vendi por 40 mil e paguei 39.

Neves fica boquiaberto:

— Cara?

—Quê?

— Você não sabia cobrar mesmo.

Risos. Com as mãos na boca, ambos olhamos para a janela da van.

CAPÍTULO 3

"Medo!"

— Mas na prática, eu fiz um curso intensivo de rede. Veja, ia demorar trinta dias, eu vi tudo sobre cabeamento, porque eu fiquei trinta dias na obra, trabalhei como ajudante e aprendi tudo.

— Moleque esperto.

— Era mesmo. Depois eu fiz diversos cabeamentos para outros escritórios no interior, nessa época já tinha comprado vários carros, trocado...

"Era muito dinheiro para alguém da minha idade."

— Caraca, Ada. Moleque de carro novo...

— Só que eu já estava na faculdade de engenharia e acabei perdendo um ano por causa disso.

— Por quê?

— Porque tinha muito estresse, não tinha tempo, viajava para o interior, focava só no trabalho. Ganhava muito, mas perdi um ano da faculdade.

— Entendi. Se arrependeu?

Rio:

— Não.

— Imagino. Experiência.

"Foi incrível! Eu era muito audacioso para minha idade realmente."

Continuo contando a minha história para ele:

— A família começou a me tratar como menino prodígio até.

— Imagino. Até eu vou te tratar como menino prodígio.

Eu rio, e ele toca no assunto que não deve:

— Até a Eusébia vai ficar sabendo do menino prodígio!

Eu viro para a janela, segurando o riso.

"Deus do céu, põe juízo nessa cabeça do Neves!"

Volto à minha narrativa, para ele esquecer a Eusébia:

— Imagina que eu morava com meus pais, mas tinha o carro melhor do que o dele.

— Abusado você, né?

Neves estrala o pescoço agora.

Eu dou andamento na conversa:

— Pois é. Só que a empresa, que era o meu principal cliente, começou a crescer muito e precisou organizar o departamento de compras, inseriu processos e eu tive que entrar na onda, mas não tinha experiência nisso.

— O que houve?

— Antes, eu estava no lugar certo, na hora certa. Ficava lá esperando, pronto para ser chamado, mas com o processo de compra, eu passei a ter concorrente, tinha que ter algo que eu não tinha: estratégia.

— E o que aconteceu?

"Ai, que tristeza lembrar de certas coisas!"

Respiro fundo e continuo:

— Teve uma proposta de compra, que ia ter licitação com três fornecedores.

— Hum.

— Eu contei tudo para aqueles meus três funcionários, que contratei da empresa do meu pai. Daí, os três pediram demissão um dia antes dessa licitação.

— Oi? Como assim?

Neves até desencosta da parede da van.

Falo, olhando para o chão:

CAPÍTULO 3

— No dia seguinte, vi que eles se juntaram e ganharam a licitação.

Neves fala alto:

— Caraca, que filhos da puta.

— Chiuuuu.

Ele concorda gesticulando com as mãos.

Volto à minha aventura profissional:

— E eu o inocente, o moleque.

— Uau.

— Esse cliente representava oitenta por cento do meu faturamento. Depois disso, foi só ladeira abaixo.

— O que você fez?

— Depois de tentar outros clientes, sem sucesso e desanimado, eu comecei a vender tudo o que eu tinha.

"Ai, ai, até dói lembrar disso."

— Sinto muito, Ada, que história.

— Na época, eu tinha uma picape, que foi roubada, e eu tive que vender um Vectra, que era minha paixão, para pagar impostos. Também vendi um terreno em Itu, para pagar outras contas.

— Igual seu avô?

Balanço a cabeça:

— Verdade, mas eu só fui perceber as minhas semelhanças com meu avô há pouco tempo.

— E aí? Como é que terminou essa história?

O barulho do lado de fora, de outros carros passando, cessam.

"Onde será que nós estamos, meu Deus? Até que horas vamos ficar aqui? O que vai acontecer?"

Decido focar na história.

"Ao menos, me distrai!"

— Com 23 anos, eu entendi que quebrei, não fiquei devendo nada, mas também fiquei sem nada.

— Nada?

— Eu repeti a história do meu avô. Só sobrou seis mil e quinhentos reais e eu ainda precisava de um carro, para voltar a trabalhar. Então, comprei um financiado, mas não consegui pagar e tive que entregar o carro.

— Caraca.

"É, foi foda!"

Suspiro, cheio de lamento, ao me lembrar de tudo isso, mas continuo:

— Acho que foi um dos piores dias da minha vida. Meu pai foi comigo e na volta viemos em silêncio, no carro dele, enquanto eu chorava, me sentindo um lixo.

— Situação que moldou você em quem você é hoje.

— Sim, mas demora para a gente perceber essas coisas.

Silêncio por algum tempo.

"Estou cansado de ficar nesta van."

Decido mudar de assunto, para escutar algo que me distraia, enquanto eu descanso um pouco.

Eu me ajeito todo em outra posição e instigo meu parceiro:

— E você, Neves? Conta alguma coisa da sua vida.

— Ah, vou falar sobre o meu pai, nordestino, que veio para Sumpaulo, como eles falam, fazer a vida, sem dinheiro e sem conhecimento.

— Sofrido, Neves?

Ele balança a cabeça:

CAPÍTULO 3

— Sofrido. Meu pai conseguiu um emprego num supermercado conhecido, que ficava na frente da casa em que minha mãe morava, que ele viria a conhecer e se casar depois.

— Hum.

— Ele começou como ajudante, arrumando prateleira, essas coisas. E fui subindo de cargo.

Eu faço algumas reflexões sobre a história:

— Naquela época, era mais fácil subir de cargo, Neves, porque se olhava mais o esforço das pessoas do que o currículo.

— Exatamente. O esforço por esforço, bem menos complexo, se comparado com os dias atuais. Ele foi melhorando aos poucos e depois trouxe a irmã dele para São Paulo.

— Sua tia?

— Sim. Ela era costureira e foi morar com ele na edícula que ele já morava. Pouco tempo depois, ele conheceu a minha mãe e as coisas começaram a esquentar.

Agora ele fica em silêncio, apenas prestando atenção.

"Milagre!"

Eu continuo falando:

— Ele não sabia escrever ainda, mas foi obrigado a estudar Mobral.

— Mobral, Neves?

— É, um tipo supletivo, para alfabetizar as pessoas.

— Legal.

Eu respiro fundo e fico escutando, atento, ele dá sequência na história:

— Meu bisavô materno, apesar de ser nordestino também, era de família nobre, com muitas posses, então meu avô não aceitava o meu pai, nordestino pobre, querendo ficar com a minha mãe.

— Para a época, acho que era comum essa não aceitação.

Ele fala revoltado:

— Preconceito, cara.

— Pois é, ele era nordestino também.

— Meu pai era semianalfabeto, pobre, sem classe social, formação, um operário, namorando a neta do barão do café?

— Uau. Neta do barão do café?

— Meu avô, pai da minha mãe, queria que ela se casasse com um médico ou advogado, e se apaixona por funcionário de mercado, que morava de aluguel no fundo da casa dele?

Eu falo, concordando:

— Uau.

— Um escândalo. Hoje as questões sociais, de aceitação e inclusão são mais discutidas do que antes.

— Era bem menos aceitável.

— Imagina que no mundo corporativo tem empresa que já mudou o termo *Black List* para *Block list* para *personas non-gratas*.

— Verdade, Neves?

— Verdade.

— Nossa!

"Que incrível!"

— Hoje é *Block List*. É legal isso, Ada, estamos evoluindo.

CAPÍTULO 3

— Sim.

Sinto a minha bunda doer já neste assoalho.

"Que hora vamos sair desta van? E para onde vamos? Um cativeiro?"

O Neves continua:

— Meu pai foi subindo até se tornar gerente. Ganhou uma carta assinada pelo dono de toda a rede, um famoso empresário que você conhece. Daí ele decidiu mudar de vida.

— O que ele fez?

— Foi montar a loja dele.

— A de jeans, que te incomodava quando criança?

— Essa mesma.

— Hum.

"Que bom que ele está distraído com a conversa, assim não se desespera, pensando na filha dele."

— E ele foi muito bem, depois da primeira loja no centro de Santos e próxima ao porto, abriu a segunda, a terceira...

— E foi crescendo?

— Sim! Ganhando autonomia financeira. Tudo isso com pouco estudo e sem estratégia, era só o esforço dele. E aí comprou carro, casa, apartamento, se encheu de bens.

— E a família do seu avô, da sua mãe?

— Aí o respeito começou, né?

"É sempre assim, as coisas mudam de foco!"

— Como as coisas funcionam.

— A gente tinha uma vida boa, jantares todos os dias em restaurantes, carros do ano, passeios, etc. Eu acho que meu pai fazia isso para se autoafirmar na vida, sabe? Como quem diz: eu dei certo, a favela venceu.

— Merecidamente, Neves.

— É..., mérito dele. Chegou a ter os melhores carros da época, foi crescendo até uma certa idade.

— E depois decaiu?

Risos.

— Sim, começou a perder o foco e o comércio também mudou, não era mais só ele que vendia jeans, mas qualquer loja e supermercado.

— Chegou a concorrência?

— Muita. Aí desandou tudo.

Ele parece triste agora.

— Você se ressente por isso?

— Não muito, mas tomo como exemplo para não seguir o mesmo caminho, porém para ele e para minha mãe foi difícil, um período tem abundância, e outro nem tanto.

— Faltou estratégia?

— Sim, exatamente como você com a sua empresa de informática. Acontece com todo mundo, ou com a maioria, eu acho.

"É difícil ser empreendedor no Brasil, Deus do céu!"

— Seu pai quebrou?

— Quebrou.

— E a sua mãe, chegou a trabalhar?

— Minha mãe deu aula, cara... naquela época, mulher não tinha muita opção, era dar aula, ser enfermeira ou dona de casa, mas mesmo assim, ela chegou a trabalhar nas lojas do meu pai. Em casa, o pessoal sempre trabalhou muito, muito mesmo!

CAPÍTULO 3

— Os tempos mudaram.
— Graças a Deus.
— Depois ela ficou só no comércio do meu pai, o que era incomum, mas como meu pai foi crescendo, ela foi ficando.
Neves silencia.
"Milagre!"
— Olho à nossa volta e respiro fundo.
"Estou cansado!"
O Neves volta a falar:
— Tô com fome, cara!
— Eu também!
— E sede!
Ambos olhamos para a janela da van.
— E agora? A gente pede comida?
Dou de ombros:
— Acho que sim, né?
O Neves bate na janela devagar:
— Ei, será que podem nos dar algo para comer e beber, por favor?
Ninguém responde.
Ele vai de novo:
— Vocês podem dar água e comida para a gente, por favor?
Nada.
Neves me olha e eu o incentivo com os olhos, a tentar de novo.
Ele vai:
— Eiiii! Estamos com fome e sede! Por favor!
A van freia vertiginosamente.

"Que medo!"

A gente cai para o lado e se ajeita sentado em seguida.

— O que será que eles vão fazer, Ada?

— Não sei.

As portas se abrem e eles jogam duas garrafas de água e dois embrulhos em papel alumínio, que parecem ser lanches:

— Come aí, logo, esse sanduíche!

Os dois homens encapuzados ficam olhando para mim e para o Neves.

"O que eles querem?"

Eu pego a minha garrafa e seguro o sanduíche e vou abrindo, o Neves está imóvel, olhando os sequestradores, quando um deles pergunta:

— Vocês gostam de sanduíche de frango?

Eu balanço o pescoço para informar que sim.

O Neves responde sorrindo:

— Eu adoro sanduíche de frango.

"Como ele pode sorrir para os sequestradores?"

Um dos capangas pergunta:

— E sanduíche de Eusébia?

"Oi?"

O Neves olha para o lanche na mão dele e questiona:

— Como assim, de Eusébia?

"Eu não acredito nesses caras!"

Eles fecham a van e eu e o Neves ficamos nos entreolhando.

O Neves:

— Como assim, esses caras estão fazendo piada da Eusébia? Só a gente pode fazer piada da Eusébia!

CAPÍTULO 3

— É esquisito. Sádicos!
Eu começo a comer.
"Graças a Deus! Estava morrendo de fome!"
O Neves continua indignado:
— Ada, a Eusébia é sagrada, Ada!
— Como assim, sagrada, Neves?
"O cara tá pirando, não é possível!"
— A Eusébia é nossa, não é qualquer um que pode chegar e fazer piada dela.
— Neves, come seu sanduíche, vai!
"Só por Deus!"

EXERCÍCIO

Se no último exercício você se viu mais como colaborador da empresa de alguém do que como empreendedor, analise agora se no seu ambiente de trabalho o intraempreendedorismo é um caminho para você ou não.

1. Quando você começa a trabalhar numa empresa, você sente que se adéqua a qualquer ambiente de trabalho, seja ele bom ou ruim, sem maiores dificuldades? Você não questiona o que pode ser melhorado? Ou imediatamente você passa a construir uma visão geral de como as coisas e pessoas funcionam e começa a criar processos de melhoria em sua mente?

2. Você não interage com os colegas e apenas os aceita como são, sem muito interesse, ou interage para compreender suas opiniões e como trabalham, em prol de enxergar o que pode melhorar também para eles?

3. Você vê o ambiente de modo geral e aceita como é, independentemente se é bom, ruim ou mais ou menos, ou você olha o seu entorno, analisando como pode ser melhorado ainda mais?

Se você se identificou mais com a primeira parte das perguntas, é sinal de que nasceu mesmo para ser um colaborador pacato, que está pronto a ser liderado. Porém, se você se viu mais na segunda parte das questões, é fato que gosta de analisar e transformar o ambiente ao seu redor, melhorando os processos para a empresa e os colegas. Isso é intraempreendedorismo e pode ser um caminho de satisfação para a sua vida profissional, bem como para com os outros e a empresa onde atua.

Permita-se então intraempreender e aprender mais sobre isso, nos livros ou se automotivando a pôr para fora tudo o que analisa com essa percepção que já existe na sua mente. Você se desenvolve nesse trajeto profissional!

Ser colaborador, intraempreendedor ou empreendedor são todos caminhos positivos, mas é necessário perceber onde você se encaixa, e atuar no lugar que é melhor para você!

Assim você se torna mais feliz no trabalho e colabora com a sua satisfação com os demais!

CAPÍTULO 4

AGORA GRITEM!

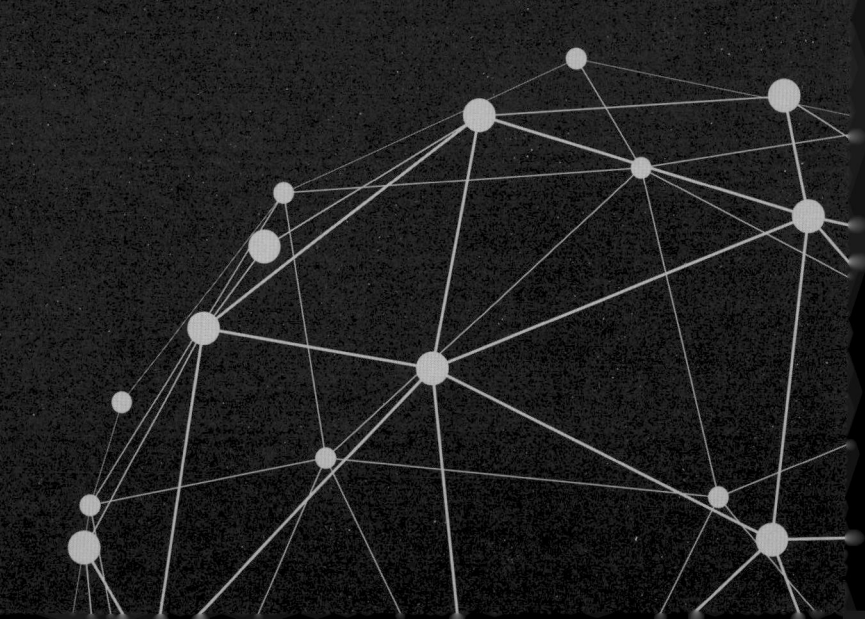

"A VIDA É OU UMA AVENTURA AUDACIOSA OU NÃO É NADA. A SEGURANÇA É GERALMENTE UMA SUPERSTIÇÃO. ELA NÃO EXISTE NA NATUREZA."

HELEN KELLER

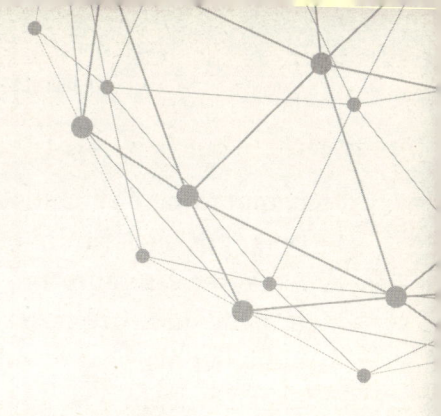

O QUE DEFINE UM EMPREENDEDOR OU UM INTRAEMPREENDEDOR?

Decidir ser empreendedor ou intraempreendedor, assim como tudo na vida, demanda tempo e experiência. Poucos são, desde criança, os que já sabem o que farão quando adultos, pois para a maioria é necessário passar por situações na prática, para se conhecer neste caminho.

O autoconhecimento é o que vai permitir que você compreenda o que fará mais sentido para você. Por exemplo, se você é alguém que gosta de desafios e de correr riscos, pode ser que possua tendência a gostar do empreendedorismo, enquanto se for mais conservador e ao mesmo tempo proativo, o intraempreendedorismo pode ser a decisão mais acertada.

Pense que a decisão sobre o seu futuro profissional não pode estar definida em um único parágrafo. Somos um conjunto de características e histórias, que nos definem, formam a nossa personalidade e o nosso querer. Além disso, há os fatores externos, como conhecimento, possibilidades de investimento, onde você se encontra fisicamente e em que momento da sua vida. Existe um conjunto de elementos a serem analisados, antes de se optar por qual caminho seguir.

Viver é sempre um experimentar e provar. Nada impede que você possa tentar os dois caminhos e decidir depois, o que vale mais para você e o que se encaixou com o seu perfil.

Quando somos jovens, vivemos um grande dilema na hora da escolha do vestibular. E o mesmo acontece quando a gente se forma: onde irei trabalhar? É natural que passemos por alguns empregos e negócios. De preferência as duas coisas, pois tudo agrega conhecimento e experiência de vida, o que colabora com o que vem depois.

Não tenha medo de experimentar! Siga a sua situação atual e a versão de quem você é hoje. Cada dia contém suas lições, que nos levam a um momento melhor no dia seguinte, com o acúmulo de experiências vividas e conhecimentos adquiridos, seja na teoria ou na prática.

Não tema tentar o novo e o desconhecido, pois apenas se permitindo o novo é que eles se tornam comuns e posteriormente algo conhecido e fácil.

Empreender ou intraempreender pode ser um caminho de aventura e desafios, se você se permite tentar!

Sucesso e coragem!

...

"Gente, o Ada dormiu. Como pode?"
— Ai, ai... – resmungo em voz alta.

CAPÍTULO 4

"Há quanto tempo estamos nesta van, meu Deus do céu? Esse pessoal sabe quanto custa a gasolina? Puta que o pariu, o litro a 7 pila e os caras não param de rodar... Ada já está ficando mais preocupado com o valor do PIX, vai aumentar, certeza."

Fecho os olhos e tento cochilar também, mas não consigo. Acabo pensando na minha filha.

Olho para o Ada e falo baixinho, na dúvida:

— Acorda, cara! Preciso conversar!

Ele nem se mexe. Dormiu sentado mesmo.

"Será que foi o sanduíche de frango que fez ele dormir?"

Suspiro e fico olhando para o teto.

"Será que minha esposa e a minha filha já sabem que eu fui sequestrado? Meu Deus do céu, como elas estão?"

De repente, o carro para. As portas fazem barulho e percebo os capangas vindo aqui atrás.

Eles começam a abrir a porta traseira e o Ada acorda, bem na hora em que os caras dão uma ordem:

— É o seguinte, agora vocês têm que gritar.

— Gritar? Como assim?

Um deles tem um celular na mão e não está muito claro se ele vai fazer um vídeo, uma foto ou áudio.

— Bora, cara, gritando!

"Eu não acredito!"

Eu olho para o Ada, que ainda está com cara de sono, e não tenho reação.

Levo um tapa na cabeça:

— Vai gritar ou não? Precisa de ajuda?

"Deus do céu! Não!"

Eu começo a gritar e olho para o Ada, para ele gritar também.

Estamos os dois, feito tontos:

— Ahhhhhhhhhhh.

O sequestrador abaixa o celular.

— Vocês estão de zoeira comigo? Grita de verdade!

"Como assim?"

— Vai lá! – o sequestrador dá a ordem, mirando o celular em nós dois outra vez.

Eu tento mais alto e o Ada também:

— Ahhhhhhhhhhhhhhh!

Ele move o celular para baixo outra vez:

— Vocês não estão colaborando, espera aí, que eu vou dar uma ajudinha.

Ele pega um aparelho de choque e aproxima do meu corpo e em seguida do Ada, e agora, gritamos para valer:

— Ai, ai, ai, não precisa, não precisa, eu grito, eu grito! – eu grito mesmo.

— Não, não, não, socorro! – o Ada grita.

O cara ri e comenta:

— Agora sim!

"Pelo amor de Deus! O que é isso?"

Ele aperta algo no celular e mostra para o colega:

— Vamos ver!

Eles ficam olhando para o telefone e rindo, enquanto é possível escutar nossos próprios gritos.

"Puta que o pariu! Que sacanagem!"

Eles terminam de olhar o celular e olham para mim e para o Ada:

— Agora ficou bom!

CAPÍTULO 4

Eles fecham a porta e é possível ouvir alguns risos.
"Eu não acredito! Esses caras são sádicos!"
— Neves, o que eles vão fazer com esse vídeo?
— Eu não sei, cara, pelo amor de Deus, tomara que não mandem para a minha família!
Eu fecho os olhos e me concentro.
"Pai nosso que estai no céu... santificado seja o vosso nome..."
— Neves!
"Venha a nós o vosso reino, seja feita a sua vontade..."
— Neves!
"Assim na terra como nos céus."
— Ô, Neves!
"O pão nosso de cada dia nos dai hoje!"
— Acorda, cara!
— Eu não estou dormindo, espera aí.
— Mas Neves?
"Perdoai as nossas ofensas..."
— O que você está fazendo?
— Estou terminando, Ada, espera aí.
"Assim como nós perdoamos a quem nos tem ofendido..."
— Caraca...
"E não nos deixei cair em tentação..."
— Neves?
"Mas livrai-nos do mal. Amém!"
Eu abro os olhos e respondo:
— Que foi, Ada?
— O que você estava fazendo?
— Rezando!

Ele ri:

— Você? Rezando?

— O que é que tem?

Ele ri e responde, balançando a cabeça para os lados:

— Nada...

— O que você quer, Ada?

— Eu só queria ir embora, sair desta situação.

— Já pensou quando a gente estiver em casa de novo, que alívio que vai ser?

— Caralho, meu...

Respiro fundo e me imagino na cama com a minha esposa e minha filha assistindo a um filme, comendo pipoca e rindo.

— Eu preciso conversar, Ada, senão eu vou pirar.

— Fala aí, então, vai. Eu acho bom também.

"Estou cansado até de falar. Justo eu..., mas agora é questão de necessidade."

— Me conta o que você fez, depois que você faliu a sua primeira empresa?

Ele balança a cabeça e parece se concentrar na minha pergunta.

Percebo meu corpo chacoalhando junto om o carro numa curva mais íngreme. E logo o Ada começa a responder:

— No dia seguinte, daquele dia, que eu chorei no carro ao lado do meu pai, eu acordei, escrevi tudo o que eu fiz de errado num papel.

Eu me ajeito todo para prestar atenção na conversa:

— E o que foi?

— Bom, eu refleti muito, e consegui ver onde eu errei.

CAPÍTULO 4

— E onde foi que você acha que errou?

Ele respira fundo, antes de responder:

— Eu não olhei para o dinheiro direito, nem para as pessoas e para os negócios.

— O que isso quer dizer, Ada?

— Veja bem, eu vendia sem fazer lucro. Não olhava para os funcionários como pessoas, mas somente como funcionários e não tinha estratégia de nada.

— Hum.

Ele continua, empolgado:

— Eu entendi que precisava estudar, então eu fui terminar a faculdade e também estudei por conta própria.

— O que você estudou, Ada?

— Ah, eu comecei a ler tudo sobre negócios: sites, jornais, revistas, mas principalmente livros.

"O cara é foda!"

— E ajudou?

— Mas muito, demais! Eu comecei a entender meus erros e o que eu teria que fazer diferente na próxima vez.

— Você era jovem para entender tudo isso sozinho.

— Mas eu entendi e precisava daquilo, para ter coragem de seguir em frente.

— Faz sentido, Ada. Parabéns. Você teve coragem mesmo.

Respiro fundo.

Meu amigo continua:

— Depois, eu me formei com 24 anos e fui procurar emprego.

"Jovem..."

Suspiro:

— Você procurou um emprego normal? – rio, quase sem querer.

— Sim, ué. Eu precisava de dinheiro.

— Quem diria, Ada?

Ele balança o pescoço e parece rir de si mesmo, lembrando que já foi CLT um dia:

— Eu mandei currículos para vários lugares e sonhava trabalhar numa empresa pequena.

"Caraca, quem sonha trabalhar numa empresa pequena?"

— Por que pequena?

— Para vê-la crescer, fazê-la crescer.

— Nossa, Ada! Você era atrevido.

"Já se achava desde moleque."

Rio por dentro e espero pela resposta.

— Não é?

Rimos.

— E aí? Conseguiu um emprego?

Ele conta, empolgado:

— Eu fiz algumas entrevistas, o que foi um divisor de águas para mim.

— Por quê?

— Porque eu passei em duas empresas, uma grande e conhecida e outra bem menor. A empresa grande era em Curitiba e eu gostava da ideia de viajar, a outra, a pequena, só tinha quinze funcionários.

— E qual você escolheu?

— Então. Eu recebi uma proposta da empresa pequena para ser vendedor.

— Vendedor, Ada?

CAPÍTULO 4

Ele ri e continua:

— Sim, eu tinha que vender projetos para a empresa, por ser engenheiro e ter o conhecimento relacionado a esses projetos.

— O que você fez?

— Eu gostei e topei na hora.

— Mas como, Ada? Por quê? Vendedor?

"Esse cara não existe!"

Ele responde:

— Quando eu era mais jovem, na faculdade, eu sempre dizia que ia fazer engenharia para ser vendedor.

— Eu não acredito, Ada!

— Eu amo vender, Neves! E nem adianta tirar sarro, porque o pessoal da faculdade já riu de mim o curso inteiro, porque eu dizia que ia usar do conhecimento do curso para vender coisas importantes.

— Acho que ninguém sonha com algo assim.

Ele responde, todo pomposo:

— Ué, eu sonhava!

Rimos.

— E foi bom? Você ia ganhar mais, pelo menos?

Ele balança a cabeça, em sinal de negação.

"Não acredito, o doido de vendas..."

— Eu sempre quis vender coisa difícil, Neves, ser vendedor, por isso eu escolhi a empresa pequena, de segurança eletrônica.

— Ah... ali começou a sua carreira na área de segurança?

— Exatamente. E naquela época meu pai estava trabalhando com um táxi, de um colega que vendeu um gol branco para ele e aí ele passou para mim.

Eu rio:

— Daí, você ia trabalhar com o carro de táxi?

— Isso.

"Hilário!"

Rimos juntos e o Ada prossegue:

— Foi importante para mim trabalhar nessa empresa, porque com o tempo, eu entendi muito facilmente o mercado de segurança, achei simples, gostei e trabalhava o dia todo e estudava paralelamente por minha conta.

— Você nunca se arrependeu de não ter escolhido a empresa grande?

Ele ri:

— Na primeira semana, sim. Depois, foi zero arrependimento, foi a melhor decisão da minha vida, eu me apaixonei pelo segmento e fiquei mais de um ano na empresa.

— Você acha que colaborou para a empresa, como queria?

Ele bate no peito:

— Quando eu entrei lá, a empresa faturava um milhão por ano. Depois de um ano, já estava faturando três.

— Uau, parabéns!

Ele continua todo animado:

— Quando eu saí de lá, um amigo da empresa virou meu sócio para o futuro.

— Como assim, para o futuro?

"Ousado o rapaz..."

— Nós decidimos que um dia montaríamos uma empresa juntos.

— Isso é engraçado.

CAPÍTULO 4

— Pode ser, mas aconteceu bem mais tarde.

"Uau!"

— E por que não se tornaram sócios imediatamente?

— A gente não tinha dinheiro. Decidimos que quando ambos estivéssemos limpos, com tudo pago, então abriríamos uma empresa juntos.

— E para onde você foi, enquanto você não abria a própria empresa?

— Fui para uma empresa onde o momento era conturbado, fui ser vendedor.

De repente, a van para no acostamento e a gente olha um para o outro.

— O que está acontecendo?

— Não sei, cara.

"Estou tão cansado. O que é isso agora?"

Ficamos em silêncio, apenas tentando entender o que estava acontecendo.

— Parece que eles estão cochichando algo lá na frente, Ada.

— Eu sei, estou ouvindo também.

Agora a van anda novamente.

"Ufa... ufa? Será? Eu não faço ideia do que está acontecendo..."

— Melhor continuar a conversa, Ada.

— O que será que eles estão fazendo, Neves?

— Não faço ideia, continua sua história, que é melhor.

— Tá.

Eu me esforço para voltar a conversa ao mesmo ponto, onde ele parou:

— Você disse que era tudo bagunçado na empresa, como assim?

Ada respira fundo e volta para sua narrativa:

— Ah, as pessoas se odiavam, ninguém ajudava ninguém, éramos seis vendedores, o ambiente era hostil, mas foi muito bom.

Eu rio:

— Como pode ter sido tão bom?

— Eu aprendi tudo sobre gestão de pessoas, na prática, de tudo que estava lendo na teoria, até então. Eu treinei o meu conhecimento, mesmo sendo só um vendedor.

Bato palmas com as mãos algemadas.

— Uau. Como você conseguiu fazer isso?

— Neves, eu comecei um movimento de fazer as pessoas se unirem. Eu cheguei a fazer entrevistas em outros lugares para trabalhar, mas decidi ficar e melhorar o ambiente de trabalho.

— Mas como?

— Eu fui falar com o dono da empresa.

— Mas ele chamou você?

— Nada, um dia, eu esperei quase todo mundo sair e fui à sala dele, com a cara e a coragem. Eu disse que queria falar umas coisas para ele.

"Atrevido, nada..."

— E aí?

— Aí eu falei tudo o que eu achava, que ninguém se gostava, disse que havia muitas oportunidades de melhoria na empresa dele e oportunidades de negócios.

CAPÍTULO 4

— O que ele achou disso?

— Primeiro, ele ficou quieto, mas quando eu terminei, ele ficou encantado, gostou da minha vontade de mudar as coisas e me deu abertura para isso.

— Esperto o cara.

Ada balança a cabeça, concordando e se mostrando todo orgulhoso:

— Sim, ele era carioca e falou com um forte sotaque: vamos mudar essa merda!

Eu rio do Ada, puxando a letra erre.

— Caraca...

— Eu comecei a ter moral com o dono, trabalhava muito, fui mudando as coisas...

"Quem sabe faz!"

— O que você mudou?

— Foi um processo de cinco anos, primeiro como vendedor, não dava bola para o clima. Foquei em ficar mais próximo das pessoas que estavam a fim de trabalhar e me isolei daqueles que gostavam de tumultuar o ambiente.

— Boa saída.

— Sim. Com o tempo, essas pessoas foram ficando deslocadas e acabaram saindo da empresa. Foquei em trabalhar bastante e vender, consegui ter os melhores resultados, depois de uns anos, fui promovido a gerente comercial, aí foi onde fiz algumas mudanças na equipe e trouxe pessoas que tinham melhores *soft skills* e a coisa seguiu bem melhor.

"O Ada é foda!"

— E depois desses quatro anos nessa empresa, você saiu?

— Na realidade, eu que fiquei lá de 2005 até 2011. Em 2008 comecei a BHC, mas como começamos muito pequeno e não eram empresas concorrentes, eu atuava apenas à noite na BHC. Meu sócio era *full time* na empresa, aí em 2011 foi onde saí de vez de lá e passei a ser *full time* na BHC.

— Sim. A vontade de empreender era muito grande, voltei em 2008, comecei a minha empresa, a BHC, do zero.

— Que história, cara.

— Mas ainda não acabou.

— Então conta!

Ele balança a cabeça, discordando:

— Não, fala você um pouco, Neves.

Respiramos fundo, ao mesmo tempo. E agora ele me questiona:

— E você, Neves? Onde começou sua trajetória com segurança?

Passo a mão na cabeça, já de saco cheio dessa algema no meu pulso.

— Cara... é uma longa história.

— Acho que a gente tem tempo.

"Puta que o pariu. Temos!"

Decido contar a minha história:

— Na época que eu ainda tinha bastante cabelo e eu entrei no Exército, nós éramos trinta alunos.

— Mas você não falou vinte e sete antes?

— Mas é que três "morreram" no curso.

— Ah, sinto muito.

— Morreram no plano da irmandade, Ada.

CAPÍTULO 4

— Caraca, Neves.
— Lealdade, Ada. Se não tem, deixa de fazer parte.
Suspiramos juntos.
Eu prossigo:
— Num processo de seleção com milhares de pessoas, eu fui uma das trinta que entraram.
— E isso foi bom ou ruim?
— Muito bom!
— Sério, cara? Tem gente que foge do Exército igual o diabo foge da cruz.
— Porque não sabe o que está perdendo.
— Eu não faço ideia.
Suspiro e continuo, todo orgulhoso:
— Lá a gente tinha que estudar muito, fazer atividades físicas intensas e serviços.
— Serviços?
Eu me mexo todo, ajeitando meu corpo na van.
"Meu corpo dói demais, meu Deus!"
Volto a contar:
— Atividades de militar para você ser um oficial do exército. Você estuda muito, trabalha nos serviços, cuida da mente, do corpo e, no final do curso, se forma aspirante a oficial.
O Ada se mexe todo também.
"Deve ter lembrado o quanto dói estar sentado no assoalho."
Ele me questiona:
— E quanto tempo leva?
— O curso passa em um ano.
"Quanto tempo vamos ficar ainda aqui, Senhor?"

— E você sai em que posição?

Suspiro e respondo:

— Entramos como alunos e nos formamos como aspirante a oficial do Exército. Naquela época, fazendo tudo certinho, poderia chegar à capitão do Exército, mas hoje, com as novas regras, mudou, é até primeiro tenente. Isso mesmo, cara, tenente!!!

— Hum.

— A essência da formação militar é dar o seu melhor, no sentido físico, mental, ético, de disciplina e senso de equipe.

— Parece que forma a moral da pessoa, Neves.

— É um ambiente muito competitivo, mas você aprende a aceitar quando você não é o melhor, e respeita e aplaude aquele que foi merecedor de alguma competição, por exemplo. A gente aprende lealdade num nível muito profundo.

Ada suspira:

— Valores...

— Sim, os valores da caserna estão relacionados à honra, à honestidade, lealdade, o espírito de corpo, camaradagem e solidariedade, o sentimento do dever e o espírito do sacrifício, dentre tantos outros.

— Imagine você fazer um juramento de sacrificar a própria vida, se preciso for? Não conheço outra profissão com tão nobre compromisso.

— Você parece que tem o maior orgulho dessa sua experiência, Neves.

— E tenho mesmo. A gente aprende a ser um ser humano melhor. São valores que tatuam a pele da gente e me norteiam até hoje.

CAPÍTULO 4

— Uau.

A van balança um pouco e a gente fica em silêncio, olhando para os lados.

"O que será que vem agora, meu Deus?"

Suspiramos e eu decido voltar a falar:

— Isso impacta na minha até hoje. Depois eu saí do curso, fui para a tropa, eu com quase 20 anos, e meu adjunto com dezessete anos de carreira.

— Mas pode isso?

— Sim, porque isso traz um aprendizado muito significativo.

"Que experiência impactante na minha vida e no meu caráter! Só eu sei..."

O Ada quer entender:

— Como assim?

— Veja. O cara que eu comandei já tinha feito todos os cursos mais fodas do Exército, era do topo mesmo, e ele me trouxe um grande aprendizado e deu de graça: a hierarquia por si só é burra e não serve para nada, porque quando você está na guerra ou numa operação de alto risco, o que vale mesmo é a sua especialização, coragem e atitude.

— Hum.

— Pode ser o general, se não souber fazer, não tiver coragem e atitude, vai morrer na operação! É nesse momento que você tem certeza que um soldado especialista vai resolver mais que um coronel generalista, e isso é muito respeitado nas Forças Armadas, esses valores se fixam em nosso DNA: respeitar o conhecimento e não a patente, o desafio é juntar os dois, conhecimento e posição, sem nunca esquecer da humildade do como fazer.

— Uau.

— E isso serviu muito para a minha vida. Depois, quando eu entrei numa empresa de transporte de valores...

Ada me interrompe:

— Quê? Quê? Quê? Você trabalhou numa empresa que transportava dinheiro, cara?

— Sim.

— Puta merda, que perigo, eu nunca soube disso.

Eu caio na risada.

— Você nem imagina...

— Conta aí, que foda.

Rimos ainda mais.

"Só assim para esquecer a situação bizarra em que estamos metidos."

E eu continuo:

— Eu comecei ali, numa atividade que é considerada uma das mais perigosas para se trabalhar na Segurança Privada, e os valores que trouxe do Exército me mostrou que não importava a minha posição, mas o quanto eu estava preparado para trabalhar numa zona com tantos conflitos e interesses.

— Que incrível.

— Sim. Na minha carreira, eu tive que lidar com mais de vinte sequestros, cara!

Ada dá um pulo do assoalho da van:

— O quê? Mais de vinte sequestros? E você continua vivo?

Aperto meu braço e dou um tapa forte na minha coxa:

CAPÍTULO 4

— É, parece que estou.

Risos.

Depois, balanço a cabeça e concordo:

— Mais de vinte sequestros! Mas não foram sequestros comigo ou com meus familiares, foram com pessoas da empresa, que por ser da área de Segurança Interna, tínhamos que trabalhar, mitigar e por vezes tomar algumas decisões difíceis.

— Caralho...

E continuo:

— Eu fiquei quase seis anos nessa companhia, sempre fui muito intenso, eu não era muito feliz, não tinha equilíbrio para administrar todas essas coisas.

— Mas também, Neves, quanto anos você tinha?

— Uns 23.

— Normal, ninguém tem equilíbrio nessa idade.

Respiro fundo, sentindo a energia daquela época:

— É. E lá era um ambiente de operações de alto risco, como o de poder perder um amigo diariamente.

— Você tem exatamente o que o bandido quer também.

— Exato. A gente leva o que o bandido quer, ele não precisa negociar nada, só apertar a equipe, sequestrar a família, consegue a entrega do carro forte e vai embora. O ambiente acaba gerando ganância, porque gera algo que todo mundo quer.

— Não é leve não, Neves.

"Nem um pouco."

Vou falando:

— O dinheiro vem carregado de inveja, luxúria.

— Imagino.

Estralo o pescoço para os lados e reflito:

— Sim, o dinheiro vem de tudo, do tráfico, da bolsa de valores, de bancos, de negociações, de tudo o que você imaginar. A energia era pesada, de onde vinha realmente tudo aquilo? Bilhões e bilhões de reais guardados e transportados diariamente por lá.

Ada arregala os olhos:

— Os bancos guardam o dinheiro lá?

— Sim. Os bancos não têm cofres, mané, são as transportadoras de valores que custodiam a maior parte dos valores em espécie, e o pior, as pessoas que trabalham, mexendo naquele dinheiro todo dia, não são reconhecidas, e ainda são mal remuneradas, você pode imaginar o clima que isso gera?

— Que foda, Neves, nunca tinha pensado nisso.

— É uma incoerência, um disparate muito grande.

Olho para os lados, pensando em como eu gostaria de sair dali agora, exatamente como eu queria sair daquela empresa naquela época.

Ada parece ouvir meus pensamentos:

— E como foi para você?

Volto ao momento presente e pergunto:

— Imagina essas pessoas! Todo dia elas pensam se podem pegar uma parte daquilo. É tenso demais.

— Imagina a segurança que tem que ter nesse lugar.

— Exatamente. Além da hostilidade que já existe por vários motivos, os colaboradores pensam nas pessoas que o sacanearam e seguem em frente, na tentativa de pegar algo para ela.

CAPÍTULO 4

— Que foda.
— Dinheiro é dinheiro!
Suspiramos.
— Você foi resistente, Neves!
Balanço a cabeça, concordando, e sigo falando da experiência:

— Ali a gente tem que controlar a ameaça externa, que é o risco de o bandido invadir ou atacar as equipes nas operações, a ameaça interna, que é alguém ali dentro, que pode cooperar com o bandido de fora, ou simplesmente se deixar levar e pensar em desviar o dinheiro. A grande verdade é que as pessoas que trabalham nas empresas, na sua maioria, são pessoas de bem, mas uma pequena minoria coloca o negócio em risco elevado, que ligado à falta de reconhecimento e remuneração baixa, acaba por vezes cedendo ao encanto indevido.

— Imagino... Você corre risco de vida, não?
"Igual aqui!"
Penso em falar, mas acho melhor não.
"Se estamos conversando, justamente para se desligar da tensão..."
Volto a falar:
— O tempo todo a gente corre risco... carros atacados, pessoas que se machucam, ameaças constantes e por aí vai.
— Caraca, Neves, que pesado viver nessa iminência de riscos.
— Foram momentos difíceis de vida, sem equilíbrio, e senti os efeitos da depressão depois de um tempo.
— E o que você fez?

— Foi quando eu achei que não fazia mais sentido para mim e estava na hora de ir embora.

Ele fala mais alto:

— E o que você fez?

— Eu fui embora!

"Igual eu queria ir embora agora."

Fico em silêncio e fecho os olhos.

— O que foi, Neves?

Respondo de olho fechados:

— Tô cansado, cara.

— Calma, Neves. Eu também estou.

"Acho que fiquei abalado de lembrar dessa época."

Penso na minha filha.

— Ada, a boa notícia é que estatisticamente os sequestros funcionam como uma moeda de troca. Assim que exigirem algo e eles negociarem o que querem, a gente será liberado.

O silêncio agora impera na van. É só o barulho da estrada.

"Tende piedade de nós, meu Deus!"

CAPÍTULO 4

EXERCÍCIO

É possível empreender e intraempreender ao mesmo tempo, para se decidir posteriormente que caminho seguir?

Sim, para algumas pessoas, fazer as duas coisas ao mesmo tempo por um determinado período pode parecer algo mais difícil, mas para outras é algo confortável, pois se tem a oportunidade de testar as duas possibilidades, para escolher uma.

Como fazer esse caminho?

Digamos que você já tem um trabalho e gosta dele. Você também tem um valor para investir e está duvidoso sobre que caminho seguir. Então, você se mantém no emprego e empreende nas horas vagas, encaixando seu tempo para se equilibrar em ambos.

Por exemplo: você investe o dinheiro que tem num restaurante e pede ajuda de seu cônjuge, administrando de longe o que está sendo feito e participando quando não está no trabalho como empregado. Com o tempo, irá saber, se sente confortável com os dois trabalhos, ou se irá preferir um dos dois.

Você consegue se imaginar testando esta possibilidade?

Na vida, tudo é aprendizado e mesmo que uma tentativa não funcione, não significa que não deu certo, mas que você aprendeu o que precisava, para seguir com novas escolhas, dali em diante.

Responda às perguntas a seguir, para saber se você abriria um negócio seu, ao mesmo tempo em que continuaria fazendo o trabalho que já faz, caso seu perfil se encaixe no modelo que estamos analisando agora:

1. Você tem vontade de abrir uma empresa?
2. Do que ela seria?
3. Quem trabalharia com você?
4. Que dias e horários da semana essa empresa vai funcionar?
5. Onde?
6. Como ela estará em curto, médio e longo prazo?
7. Você se vê feliz fazendo isso em dez anos?

Se você se sentiu bem com essa possibilidade, por que não?

CAPÍTULO 5

E AS NOSSAS NECESSIDADES?

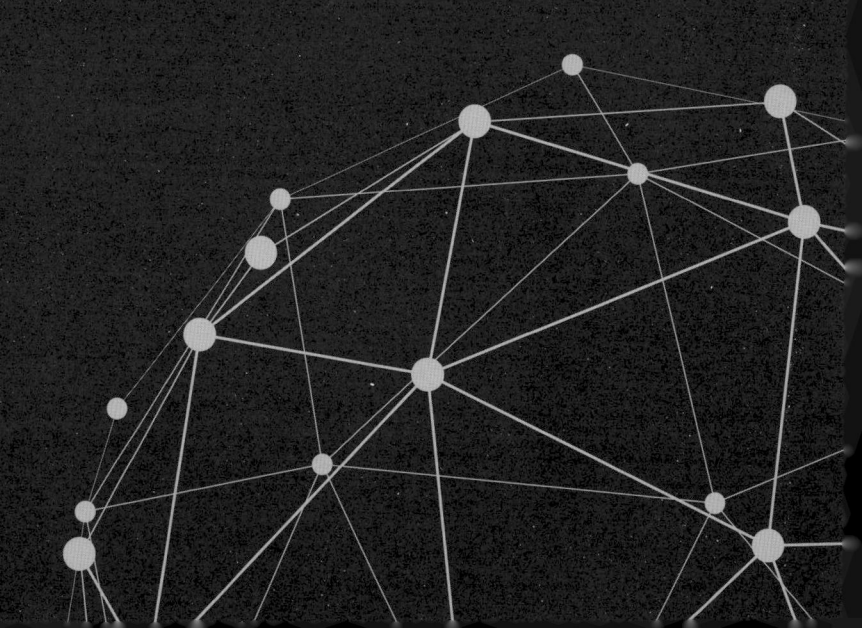

"A DESCONFIANÇA É A MÃE DA SEGURANÇA."

MADELEINE SCUDÉRY

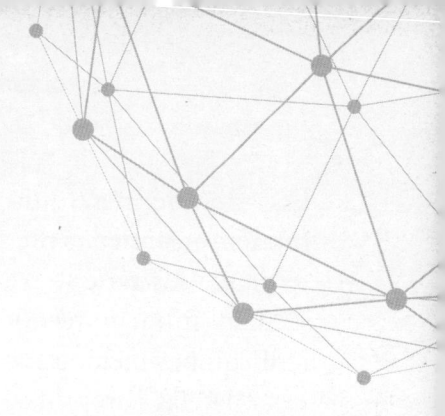

COMO INCENTIVAR O INTRAEMPREENDEDORISMO?

Muitas são as formas de incentivar o intraempreendedorismo dentro das empresas, influenciando os colaboradores a mostrarem suas ideias e proatividade de forma tão natural e constante, até que esse tipo de comportamento se torne parte deles.

Uma das melhores maneiras de fazer com que o intraempreendedorismo seja parte de uma organização é fazendo com que os colaboradores se sintam donos do negócio, ou seja, lhes cedendo autonomia e liberdade para que tragam suas percepções e inovações, bem como espaço para as colocarem em prática.

A liberdade que se dá às pessoas deve ser proporcional as suas ações e aos resultados que elas trazem através de proatividade, competência e confiança gerada entre os demais.

Outra forma de motivar o intraempreendedorismo é criar uma hierarquia horizontal no organograma, onde se diminui a distância entre os cargos e se permite uma comunicação maior e mais assertiva, uma vez que o espaço entre as funções diminui, e com isso o receio de falar abertamente uns com os outros também.

Esse tipo de hierarquia promove a liberdade que um intraempreendedor precisa para se sentir seguro a ponto de se mostrar e se estabelecer dentro da empresa.

Um intraempreendedor, quando bem orientado, tem equipes melhores, objetivos definidos por ele mesmo e tarefas cumpridas, sem que alguém os tenha que chamar a atenção para tal. Os projetos desenvolvidos por intraempreendedores têm eles mesmos como ponto principal, são automotivadores, líderes natos e apaixonados por desafios constantes.

Motivar os colaboradores, reconhecer seus feitos e recompensá-los por suas ideias e realizações fazem com que eles se sintam reconhecidos pelo que estão produzindo, eles se sentem vistos, e por isso voltam a trazer novas ideias e ações, gerando um círculo virtuoso. Além de afetar positivamente o ambiente de trabalho e a cultura organizacional.

Investir em processos de inovação e *design* também cria uma abertura, para que novas ideias sempre cheguem à corporação, proporcionando um clima de renovação em todos os sentidos, seja de processos, pessoas, estrutura, tecnologia ou o que se mostrar necessário.

O intraempreendedorismo é inovador e vantajoso para a empresa. Ela só tem a ganhar com esse tipo de comportamento, bem como os colaboradores se tornam mais produtivos e satisfeitos. O intraempreendedorismo só pode ter um lado negativo, que é quando a empresa não tem maturidade desenvolvida para isso, então ela precisa ser transformada primeiro.

CAPÍTULO 5

O intraempreendedorismo é uma direção onde todos ganham.

E apenas ganham!

...

— Ai, minhas costas, caralho!

O carro passa por um buraco, fazendo a gente levantar do chão dentro da van.

O Ada fala alto, bravo e olhando para a janela dos sequestradores:

— Com essa algema, a gente vai se segurar como?

Eu tento acalmá-lo do meu jeito:

— Tá foda, cara!

Ele resmunga:

— Eu preciso ir ao banheiro, Neves.

— Fazer o quê?

— Como fazer o quê? O que você tem a ver com isso?

— Ué, nós estamos no meio de um sequestro, tô torcendo que não seja o número dois.

Ele responde, ainda irritado:

— É só o um.

— Pior que eu estou precisando também.

— O um ou o dois?

— E o que você tem a ver com isso?

Ele balança a cabeça para os lados e, em seguida, começa a bater o braço na parede da van e gritar:

— Ei, ei, a gente quer ir ao banheiro!

— Grita mais baixo, cara, e se eles ficarem bravos?

Ada olha para mim, bate o braço na parede do carro e grita ainda mais alto:

— Eu preciso ir ao banheiro! Agora!

"Jesus amado, nos proteja da ira dos sequestradores! O Ada está descontrolado."

Eu fico mudo, calado, imóvel.

"Tá, tá, tá, eu confesso, tô cagando de medo!"

Fico olhando para a cara dele, completamente transtornado.

"O que deixou o Ada desse jeito? Nunca vi ele perder o controle!"

Ele bate de novo na parede e grita:

— Caralho, eu tenho que ir ao banheiro! Dá para parar a porra desse carro?

"Jesus, Maria, José..."

O carro freia bruscamente e eu caio para o lado, o Ada também.

Começo a rezar, atento aos caras se aproximando do lado de fora.

"Pai nosso, que estais no céu..."

A porta da van abre violentamente:

— O que, que vocês estão gritando aí?

"Santificado seja o Vosso nome..."

Balanço o pescoço lentamente para os lados e respondo, gaguejando:

— Eeeuuu, euuu nãooo gri, gritei.

— Eu preciso ir ao banheiro! – o Ada fala alto.

"Caraca, como ele está nervoso... Venha a nós o Vosso reino, seja feita a Sua vontade..."

Os caras jogam dois baldes em cima da gente.

CAPÍTULO 5

"Balde? Para que isso?"

— Tá aí! Podem fazer suas necessidades aí mesmo.

Eu seguro um balde na mão:

— Quê?... Aqui?

— É isso ou nada. O que vocês preferem?

— Tá, tá, pode deixar. – o Ada responde, todo indignado.

Eles fecham a porta rapidamente.

"Eu não acredito!"

Fico olhando o balde verde na minha mão e me pego balançando o pescoço para os lados:

— Um balde? Verde ainda por cima?

O do Ada é vermelho.

— Caraca, Ada, a gente vai ter que fazer aqui?

— É isso ou nada, Neves, você não ouviu?

O Ada fica de joelhos e vira de costas para mim. Escuto ele abrir o zíper da calça.

"Ai, eu não acredito. Eu vou mesmo passar por isso?"

Faço a mesma coisa, fico de joelhos e viro de costas. Abro o zíper.

"E essa algema atrapalhando a minha vida, como é que fica? De joelhos, algemado, mijando num balde. É para acabar com a autoestima de qualquer um."

E a van balançando.

"A boa notícia é que ninguém precisou balançar, a van já o fez. Socorro!"

Constrangedoramente, eu consigo terminar a tarefa e fecho o zíper.

— O que faço com esse balde agora?

— Cara, a gente vai ter que ficar segurando isso? – o Ada fala ainda mais indignado do que eu.

Eu faço cara de nojo e não me contenho:

— Ahhhh, eu não quero ficar aguentando esse cheiro.

— Nem eu!

O Ada começa a bater o braço de novo na parede da van.

— A gente já terminou aqui, a gente já terminou, joga fora, por favor!

Fico prestando atenção no balde dele se movimentando e encolho todo o meu corpo.

"Já basta o cheiro, não quero o mijo do Ada pingando em mim. Eu não acredito que estou passando por isso. Nem nos meus piores pesadelos imaginei uma porra dessas."

O Ada continua gritando:

— Caras, pelo amor de Deus, esse balde vai virar em cima da gente!

"Pior que vai mesmo, do jeito que eles dirigem mal."

Eu queria poder tapar o nariz, mas ou eu seguro o balde longe do rosto ou tapo as narinas.

O Ada grita mais alto:

— Ôô, vocês estão me ouvindo?

O carro para de novo, bruscamente. Sinto uns respingos do balde em mim.

"Ai, que nojo..."

— Eu não acredito no que está acontecendo, Adalberto!

— E eu, você acha que eu acredito nisso?

CAPÍTULO 5

Ouço os passos do lado de fora até o barulho da van abrindo.

Ele escancara a porta e dá uma ordem:

— Vai, vai, sai!

— Sair, como assim?

— Desce, joga fora esse mijo e volta.

"Ai, meu Deus do céu!"

Eu vou escorregando a bunda no chão para descer, equilibrando o balde, para não cair nada em mim. Vejo o Ada fazer o mesmo e fico apavorado.

"Deus me livre respingo do balde dele em mim, eca!"

— Ai, minha bunda!

Os caras começam a rir.

"Eu não acredito!"

— Tá com dor na bunda, Neves?

"Ô, ô, o cara sabe o meu nome? Parece que eu conheço essa voz."

Eu olho para o Ada já em pé ao meu lado.

— Vão, vão, vão. Vão jogar fora esse negócio aí, que tá fedendo.

"Tá mesmo. Que nojo!"

Eu olho ao redor, para tentar descobrir onde estamos, mas eles entraram em alguma estrada de terra, provavelmente para a gente não ver mesmo.

"Caralho!"

Jogo o conteúdo do balde numa moita e vejo o Ada fazendo o mesmo, só que do lado oposto a mim.

Um dos sequestradores bate palmas:

— Bora, bora, bora, podem voltar! E levem o balde com vocês!

"Eu não acredito!"

Entro na van outra vez, um tanto aliviado da bexiga e de esticar as pernas.

Sento e coloco o balde no chão, ao meu lado, mas o mais distante possível. O Ada faz a mesma coisa.

A porta se fecha.

— O que foi isso, Ada? Esses caras são meio sádicos, não são não?

— Eu não estou entendendo nada, Neves!

— Você não achou aquela voz conhecida?

— Qual voz, Neves?

— O do que ficou rindo da nossa cara.

Ele gesticula, irritado:

— Sei lá, cara.

— Estou cansado.

— Eu também.

— Pior que não dá para dormir aqui, é muito duro esse chão, não tem um travesseiro.

— Travesseiro, Neves? Quem é que pensa em travesseiro numa hora dessas?

— Eu, ué. Eu queria dormir, eu vou fazer o quê? Deitar no seu colo?

— Nem vem.

"Indignado!"

Encosto a cabeça na parede do carro e respiro fundo.

"Caraca, como eu estou cansado!"

— O que a gente vai fazer, Ada?

— Eu não sei, vamos ficar conversando outra vez, para passar o tempo, porque está foda.

Concordo balançando o queixo.

CAPÍTULO 5

— Tá foda...
— Onde é que a gente parou a conversa?
"Só Deus sabe..."
Respiro fundo e tento iniciar uma boa conversa:
— Fala do seu sócio da BHC, como é que foi essa parceria?
Ada se ajeita na van e respira fundo também.
"Acho que ele está mais nervoso do que eu agora. Coitado!"
Ele começa:
— Bom, eu não saí imediatamente da empresa em que eu estava, porque as duas não eram concorrentes. Já o meu sócio saiu primeiro da empresa que ele estava e abriu a BHC.
— Hum. Hoje eu sei que você não é casado, mas e nessa época?
— Estava recém-casado, e por questões do estudo dela, decidimos morar no interior de São Paulo, como a BHC começou no Morumbi e meu sócio morava lá e ele era em tempo integral, era melhor o escritório ficar perto dele. Eu me ferrei, cara. Foi um período difícil, viu?
Ele balança a cabeça, bem desacorçoado.
— Por quê?
— Nós dois estávamos na zona norte, a empresa ficou longe de onde eu fui morar. Aí, eu até conseguia vender, mas não sobrava dinheiro para nada, a empresa só se pagava, e nas primeiras instalações, eu ainda metia a mão na massa.
— Mas não é assim todo começo?

— Pode até ser, mas o lugar que eu escolhi para morar não foi nada promissor.

— Sei. Mas e a experiência que você adquiriu até esse momento? Deve ter feito diferença, não?

— Ô, se fez. Antes de entrar para a BHC de vez, eu listei todos os erros que cometi antes, e o maior deles me permitiu agir de forma que nenhum cliente representasse mais do que 5% do meu faturamento.

— Sensato.

— Não é?

Respiro fundo e pergunto sobre agora:

— Como está sua empresa hoje, Ada?

Ele sorri, demonstrando orgulho:

— Hoje a BHC já tem 13 anos, cara.

— Uau! Treze anos? Parabéns!

Ele suspira e sorri:

— Obrigado! Eu gosto de falar sobre a minha trajetória.

— Por que exatamente?

— Porque eu curto lembrar da minha primeira empresa aos 18 anos de idade, a ABH. E da primeira empresa que trabalhei, a Interface, onde comecei a gerir pessoas e que me apresentou ao mundo da segurança.

— Verdade.

Ele continua:

— Depois, foi legal relembrar da *Task*, onde além de gerir pessoas, eu passei a compreender melhor o mundo corporativo, processos, o ambiente desse mundo, enfim.

— Parabéns, cara. Sua trajetória é bonita mesmo.

CAPÍTULO 5

O carro dá um solavanco e o Ada olha com cara feia em direção à janela.

"Tá osso isso aqui!"

Ele volta a olhar para mim:

— Mas eu quero crescer muito ainda, Neves.

— Quem não quer? Eu também quero!

Ambos suspiramos.

Eu fico olhando para a minha algema com pelinhos, indignado.

Ele volta a falar, o que eu acho muito bom:

— Eu decidi que com 45 anos quero já ser investidor ou ter participação em cem empresas.

— Cem empresas? Só isso? – eu rio.

Ada prossegue:

— Eu gosto da ideia de ajudar alguém, que ainda vai estar aprendendo e precisa de ajuda, como eu precisei na minha época de rapaz.

"Audacioso..."

— Você vai mentorar esse tipo de pessoa e empresa, seria isso?

— Exatamente! Vou ajudar as pessoas, para que elas não tenham que cair como eu caí, mas que elas possam aprender, antes de dar grandes passos.

— Legal isso aí, cara!

— Não é? Acho que compartilhar o conhecimento que a gente adquire é o que dá sentido à vida, Neves.

"Olha, o Ada inspirado!"

— Tá falando bonito, cara. O sequestro fez bem para você.

— Não fala isso, Neves! Nem brincando, só quero ir embora daqui. O quanto antes.

Ele bufa e para de falar.

— Fala mais, vai, Ada.

"A gente precisa disso, para não enlouquecer aqui dentro desta van, que não chega a lugar algum nunca. Há quantas horas estamos aqui?"

— Fala mais, vai, Ada.

Ele se remexe, se ajeitando no assoalho em outra posição:

— Fala você, cara. Cansei de falar.

"Hum, eu estou morto de cansaço. Nem sinto minha bunda mais neste chão duro. Caralho!"

— Falar o que, meu?

— Você tinha parado na empresa de transporte de valores, onde teve mais de vinte sequestros, enquanto você estava lá.

Bato a mão na testa:

— Ai, minha Nossa Senhora.

Ada ri:

— O que foi?

— Eu entrei em depressão naquela época.

— Também pudera, né?

Suspiro:

— A energia era pesada, a gente tinha além da ameaça do cliente externo, que era o ladrão e o sequestrador, a gente tinha do cliente interno.

— Os funcionários?

Balanço a cabeça:

— É, você já pensou o quanto as pessoas não eram tentadas por bilhões de reais todos os dias e elas ganhando pouco?

CAPÍTULO 5

— Chega a ser uma judiação, Neves.
— É isso. É um ambiente sofrido.
— Interessante você chamar o ladrão de cliente externo. – Ada ri.
— Pois é, nosso cliente: o Senhor Ladrão!
Damos uma gargalhada alta.
— Os caras vão pensar que a gente está falando da Eusébia de novo, Ada.
— Pensando aqui, se a Eusébia é um cliente interno ou externo.
— Dona Eusébia. – eu falo cantarolando e rindo.
O Ada agora viaja:
— A Eusébia podia ser um cliente externo mancomunada com um cliente interno, que vai fazer um plano para sequestrar o carro forte com a ajuda interna.
Eu rio e falo mais bobagem ainda:
— Se bobear, foi a própria Dona Eusébia que mandou sequestrar a gente.
O Ada ri e aumenta a sequência de bobagens:
— Eu tenho o Pix da Eusébia no meu celular, aí fica fácil de resolver.
A gente cai na gargalhada de novo e eu seguro o estômago, de tanto rir.
Eu olho para a janela, para ver se os caras não vão xingar a gente dessa vez.
"Será que eles estão cansados também?"
— Ada do céu, a gente está aqui há horas, meu.
— Eu sei, nem quero pensar nisso, volte para a sua história, que estava bem melhor.
"Verdade!"

Encho o peito e tento me concentrar na minha carreira, para esquecer o resto:

— Então. Um dia eu cansei, concluí que o ambiente era hostil demais para mim, arriscado, e eu não estava a fim mais de correr riscos.

— Imagino.

— Um dia eu estava num carro, que foi alvejado, você tem noção?

— Pesado, cara!

"Aquele dia foi *punk!*"

— Demais!

— O que você fez?

— Eu fui embora da empresa. Passei uns quatro ou cinco meses para me reequilibrar.

— Tomou remédio?

"Eu não acredito em remédio!"

— Mais ou menos, mas eu sarei, eu tinha capacidade de ser maior do que aquilo, nunca fiquei afastado do trabalho, segui em frente.

— Para onde você foi?

— Fui para a Coca-Cola!

— Uau!

"Só eu sei..."

— Em termos, Ada, em termos.

— Por quê?

— Eu saí de uma operação de quatrocentos e oitenta volts para uma de doze volts.

— Como assim? De um extremo ao outro?

Balanço o queixo para cima e para baixo:

— Sim... Me imagina na Segurança Patrimonial?

CAPÍTULO 5

Não tinha bandido, cara...

— Cadê o cliente externo? – Ada ri.

Eu continuo:

— Tinha que gerenciar um time que olhava carreta, nota fiscal, coisas mais simples, e muito menos arriscado do que onde estava. E o ambiente conseguia ser pior do que o outro.

— Mas como podia ser pior, se não tinha bandido?

— Gestão muito *old school*, com zero gestão humanizada!

"O horror!"

Ada quer saber mais:

— O que ele fez?

— Eu cheguei a brigar feio com o cara, você acredita!

— Você saiu no pau com o gestor, Neves? – ele ri.

Balanço a cabeça:

— Vamos dizer que preferi ir embora...

— Mas quanto tempo durou?

— Cerca de um ano, um recordista na posição!

— Caraca, meu. E foi para onde depois?

— Para uma empresa fabricante de eletroeletrônico, e lá finalmente foi bom.

— Ufa, né?

"Nem me fale!"

— Foi um meio-termo de tudo, um ponto de equilíbrio, porque não tinha o perigo da empresa de transporte de valores, mas também não tinha a monotonia da Segurança Patrimonial.

— Que bom. Você se encontrou?

— Acho que sim, porque ali eu me conectei com a segurança, e pude perceber como a Segurança pode ser integrada, Segurança Eletrônica, Patrimonial, Gerenciamento de Riscos, atrelados ao negócio.

— E o ambiente?

— Era um ambiente legal, mas eu só fiquei dois anos lá, teve alguns pontos internos que me motivaram a sair.

Ada já faz uma graça com a minha história:

— Hum. Cigano você, Neves!

— Cigano, nada: são ciclos, e hoje em dia as pessoas trabalham por projetos, não tem mais esse negócio de TBC.

— TBC Neves? O que é isso?

— Tempo de Bunda na Cadeira.

— Fala, senhor dos ciclos! Para onde você foi, depois?

"Orgulho de mim mesmo, isso sim!"

Continuo:

— Eu fui para uma empresa pequena, para participar de planos, estratégias, mas era uma empresa de perfil familiar e o meu perfil sempre foi de multinacional, eu sabia que não ia durar muito ali.

— É, a mentalidade é diferente.

Estralo o pescoço e me concentro na resposta:

— Sim. Eu fiquei um período lá, comecei a potencializar as ações e processos, comecei a escrever procedimentos, fui mais técnico. Eu adquiri esses conhecimentos ali, foi muito bom.

— Aprendizado, Neves. Sempre agrega!

O carro dá mais um solavanco e a gente cai para o lado. Eu e o Ada olhamos para a janela, com vontade de xingar, mas voltamos a nossa conversa:

CAPÍTULO 5

— Sim, eu aprendi a entender a dor do cliente e a escrever processos, porque os recursos eram bastante limitados e isso desafia! Isso foi muito legal, porque como a empresa era pequena, ela me proporcionou esse aprendizado de tal forma que uma empresa grande não proporcionaria.

"Que sensação boa lembrar de cada passo da minha carreira..."

Eu continuo tagarelando:

— Depois eu fui para a grande cervejaria, que trabalho hoje, justamente para desenhar processos.

— De segurança, de cara?

Espremo os lábios e balanço a cabeça, todo orgulhoso:

— Exato!

— Eu fui contratado como terceirizado para isso, basicamente. Pouco tempo depois, houve uma reestruturação severa e muitos colaboradores acabaram desligados. Foi um movimento muito racional para os resultados que a companhia estava traçando.

— Determinação de fora, talvez, Neves.

"Talvez, deve ser, era terceiro na ocasião."

— Que seja, mas eu vi muita gente sendo cortada na época.

— Você ficou com medo de ser mandado embora?

"Imagina... óbvio!"

— Ah, cara. Numa situação dessas, acho que todo mundo ficou.

— E aí?

— Eu fiquei sem eira, nem beira, inclusive sem chefe direto naquele momento.

— O que você fez? Ficou perdidão?
Concordo e explico:
— Aí, eu tive a oportunidade de ir até a vice-presidente, para apresentar a área de segurança e perguntar se eu continuaria fazendo o que eu fazia ou não. Eu estava perdido mesmo, cara.
— Corajoso, o rapaz.
Respondo, suspirando:
— Nem tanto... mas eles gostaram do que viram e me indicaram para falar com um diretor, que hoje é um grande amigo.
— Hum.
— Passados alguns meses, fui contratado pela empresa e tive a oportunidade de começar a fazer a gestão de segurança.
Ada gesticula para bater palmas:
— Uau, parabéns, cara!
— Sim, a primeira ação que eu fiz, juntamente com outros colegas, foi trazer toda a estrutura de gestão de segurança das fábricas para esse guarda-chuva corporativo.
— Quantas fábricas eram, Neves?
— Na época, eram seis ou oito fábricas.
Ao longo do tempo, a empresa foi crescendo, passou por um processo de aquisição de outra gigante cervejeira brasileira.
"É um orgulho fazer parte de algo tão grande."
— Uau, muita coisa.
— Hoje, nossa operação no Brasil é uma das maiores operações do mundo no grupo. Mas foi na

CAPÍTULO 5

época em que éramos menores que começamos a profissionalizar a segurança de verdade, acabar com atividades em desacordo, oferecer cursos profissionalizantes, fazer com que eles tivessem satisfação no trabalho, para não fazerem outros no período de descanso ou de folga.

— Importante isso aí.

Estico os braços para cima, porque eles já estão doendo de ficar na mesma posição. Aliás, tudo está doendo. Prossigo:

— Demais. Eles têm que se sentir parte do negócio e da estratégia da empresa.

— Hum.

— Quando o cara se sente assistido, ele devolve isso para a empresa. Quando ele não se sente assistido, ele é mais um e fica vulnerável a ir embora ou até mesmo, em alguns casos, a ser assediado a fazer algo errado.

— Faz sentido.

"Não é? Como eu amo o que eu faço!"

Tento explicar com mais detalhes minha linha de raciocínio:

— Grande parte do meu time é terceirizada, e para mim foi um desafio fazer com que eles se sentissem parte da empresa. O terceirizado não tem a cultura da empresa dele e nem o da nossa, ele cria a cultura "tiquin", "tiquin" de cada uma, nasce uma terceira cultura que só ele entende qual é. De verdade, é delicado.

— Um interessante desafio. Como é que você conseguiu isso?

— A virada de chave foi capacitação do time, cara!
O Ada meio que se levanta e muda de posição.
"Ele deve estar cansado também, coitado. E o balde ali, do lado dele. E o meu aqui, eca!"
— Boa lição, Neves! Se eu tivesse um caderno aqui, até ia anotar.
— Para de fazer piada, Ada.
— Não é piada, é um elogio.
— Elogio?... sei.
— Continua, vai.
"Tá!"
Decido continuar:
— Outro ponto importante é manter um ambiente em que o time, ainda que terceirizado, participe das mesmas rotinas e eventos que você participa, eles se sentem incluídos e reconhecidos pela empresa.
— Quando falo em eventos, pense nos eventos que participo. São incríveis, imagine você selecionar os melhores do seu time, que fizeram por merecer a trabalhar em ambientes que eles jamais imaginaram estar presentes?
— Até eu quero participar desses eventos, cara! – ele ri.
"São lindos mesmo! Maior orgulho!"
Continuo:
— Isso funciona mesmo, é trabalho, mas também um momento de lazer, ao mesmo tempo que o colaborador pode mostrar sua importância, quando é convidado a sair do mesmo.
— Exato! Imagina esses colaboradores indo ao Rock in Rio? Ou uma coisa assim?

CAPÍTULO 5

— Eu quero ir, Neves! E eu vou levar a Eusébia!
Risos.
Eu volto à minha história:
— Você já pensou um cara desses ser convidado para trabalhar no Rock in Rio? É um ambiente em que ele jamais se imaginou estar, e ele sabe que se foi convidado é porque a empresa confia nele. Isso começa a fazer uma grande diferença.
— Imagino. E depois ele contagia quem não foi, não?
"Bingo!"
— Sim, ele leva a satisfação dele para os demais, incentivando os outros a serem bons, para chegarem lá também.
— Mas sempre foi assim lá, cara?
— Não, claro que não. Até o ano de 2016 ou 17, esse tipo de trabalho com segurança vinha de uma crença de chute, pau, porrada e bomba. Aquela história do Gestor 3G, *guards, guns and gates*, isso acabou!!!
"Uma ignorância e desrespeito total!"
Ada ri e eu dou sequência:
— A gente mudou essa cultura, começamos com um treinamento de atendimento ao público.
— Mas por que isso, Neves?
— Porque quando você chega numa empresa, você não vai ficar mais feliz vendo o vigilante de cara fechada, braço cruzado e óculos escuros olhando para o céu, mas você quer se sentir bem recebido, bem-vindo, bem atendido.
— Hum.
— Pensa, Ada! Uma vez, eu estava no portão e o rádio de um dos seguranças tocou, avisando que tinha uma briga em outro setor.

— Sei...

— Eles foram correndo atender a ocorrência e nesse dia me deu um estalo. Esse mesmo grupo que apartou a briga e possivelmente tomou umas porradas é o mesmo que tem que sorrir para quem chega à empresa.

— A conta não fecha!

— Não fecha, imagina o estresse?

Eu me contorço todo, antes de voltar a narrar a história daquele dia:

— Não bate porque apanhou. Imagina o cara que acabou de separar uma briga, e pode ter passado um calor, ter que dar bom-dia para alguém que acabou de tomar um café bem sossegado em casa? Não vai, ele está num nível alto de adrenalina.

E aí, o que você fez com tudo isso?

— Então. Eu dividi atendimento ao público e operação em coisas distintas. E isso vai de acordo com o respeito, que é um dos fortes valores da empresa, respeito às pessoas.

— Incrível, cara, parabéns!

Respiro profunda e lentamente, cheio de orgulho.

"Eu amo o que eu faço!"

Falo ainda mais:

— Ada, tem ideia de quantas pessoas vão até a portaria entregar um currículo, levar uma correspondência ou pedir informação? Sei lá quantos são, mas são vários! Se os vigilantes tratarem essas pessoas de forma ruim, possivelmente perderemos consumidores em potencial, que quando eles forem escolher o produto em algum lugar, lembrarão da experiência que tiveram

CAPÍTULO 5

na portaria da empresa. É nesse nível de atenção que treino meu pessoal!

— E percebi que o nível de satisfação na empresa começou a aumentar com tudo isso, e eu fui ficando cada vez mais motivado e fazendo cada vez mais.

— Seu lado intraempreendedor.

— Superintraempreendedor, eu curto demais ser assim.

A van parece fazer uma curva agora e eu e o Ada temos que nos segurar na parede para não cair para o lado.

Ambos balançamos a cabeça, em sinal de negação, um para o outro.

"Esses caras dirigem muito mal, pelo amor de Deus!"

Prossigo, para não perder a calma:

— Conforme eu fui aplicando minhas ideias e a empresa foi apoiando e vendo resultados, mais e mais espaço eles foram dando para mim.

— Isso se chama credibilidade, Neves, merecido!

"Cre - di - bi - li - da - de! É isso aí!"

— É. E depois disso, aconteceu um movimento dentro da empresa, para aumentar o número de mulheres entre os colaboradores e eu pensei: como eu posso colaborar com isso?

O Ada pergunta boquiaberto e em alto tom:

— Na segurança, uma área ainda machista e militarizada? Porque o setor tem menos de 10%, segundo o último estudo, se não estou enganado, o que pra mim é um absurdo!

Ele fica quieto um instante, pensando:

— Por que é incomum?

Respondo de cara:

— Mais um motivo, a empresa podia pensar fora da garrafa.

— E pensou!

— Vai vendo. Na época, a gente tinha cerca de 12% de mulheres na operação, o mercado trabalhava com 10%, e eu coloquei 30% como meta.

Ele fica boquiaberto de novo:

— Sério, 30%?

Balanço a cabeça, concordando.

E prossigo:

— E isso começou a chamar a atenção das pessoas e influenciar a discussão no mercado, vai se tornando tendência, o que é incrível e justo! Imagina!

— Lógico, algo inédito no Brasil, provavelmente.

"Ai, que orgulho. Até a Eusébia ficaria orgulhosa de mim agora."

Rio por dentro e continuo:

— Fizemos uma ação para entregar coletes femininos para nossas vigilantes, para ser o "Dia D" do Projeto Mulheres na Segurança.

— Caraca.

Balanço a cabeça:

— Sim... A alta administração da empresa adorou o resultado e falou: se nós colocamos mais mulheres na segurança, qual a desculpa para não colocar em todos os outros setores? Isso acabou significando uma mudança que vem influenciando não só nossa empresa, mas todo o mercado.

CAPÍTULO 5

Ada gesticula palmas de novo:
— Sensacional.
Eu não consigo parar de tagarelar, todo cheio:
— E depois teve um evento do Rock in Rio, onde toda a nossa segurança foi composta 100% por mulheres.
— Só mulheres? No Rock in Rio?
— Foi um sucesso. E isso chamou tanta atenção que saiu na mídia de forma muito intensa. Na capa de grandes portais de comunicação, para você ter uma ideia.
— Caracaaaaa...
Meus olhos chegam a lacrimejar de orgulho.
— A cervejaria, numa condição inclusiva, que já respeita a mulher, colocou a segurança feminina em todos os ambientes, tendo sucesso absoluto durante o evento.
— Parabéns, Neves!
— Isso foi um marco na história das empresas e, acredito, nos grandes eventos do país.
— E você por trás disso? Arrebentou!
"Você não sabe o que mais..."
— Pois é! Hoje temos quase 50% de mulheres na segurança. "Alcançamos!"
— Caramba, 50%, nunca imaginei algo assim.
Suspiro e fico mudo, sentindo o regozijo que sinto só em falar de tudo isso.
Ada respira fundo e muda um pouco o assunto:
— E aquele treinamento que você tomou choque, Neves?
"Ai, caralho, que dor, só de lembrar!"

Eu rio.

— Cara, nunca mais.

Ada cai no riso:

— Você é louco, você quis tomar choque!

— Ué, faz parte do meu trabalho, eu queria entender como é que era.

Ele balança a cabeça, de um lado para o outro.

— Só por Deus. Mas tem arma de choque na sua empresa?

Movo o pescoço, concordando:

— Hoje tem, porque nós substituímos parte das armas de fogo por essas tecnologias não letais.

— Isso é muito inovador.

"Se é! Além de ser corajoso, em um mercado que não se importa com o detalhe. Poucas são as empresas com essa preocupação, mas tenho certeza de que isso vai se tornar tendência no mercado."

— Claro que é, você torna a sua segurança mais segura e mais humanizada, mais bem preparada.

Olho para a janela e penso sobre a segurança de dois profissionais da área dentro de uma van: sequestrados!

"É muita incoerência, meu Deus!"

Suspiro.

Ada questiona ainda sobre o choque:

— Como foi?

— A ideia é dar opções para escalabilidade do uso da força, e ao mesmo tempo assegurar a vida do seu oponente no trabalho. Você dá mais oportunidades para que o vigilante tenha mais recursos adequados de utilizar o uso proporcional da força caso precise.

CAPÍTULO 5

— Hum.

— O que nós vemos muito por aí é não equipar o vigilante ou simplesmente aplicar nele uma arma de fogo, o verdadeiro tudo ou nada! Quando temos respeito como valor, pensamos no próximo e queremos dar as melhores condições de trabalho. É pensar na pessoa, na continuidade do negócio em todo o ecossistema.

O Ada olha para a janela dos sequestradores e muda o rumo totalmente:

— Como é que a gente veio parar aqui, Neves?

Movimento a cabeça e levanto as sobrancelhas.

"Não tem explicação um absurdo desse."

— Ada do céu, é uma vergonha para a nossa carreira.

Ele movimenta a cabeça, concordando comigo:

— Vexame, onde já se viu? Como a gente não previu que algo assim podia acontecer?

— Mas a gente não é famoso e não tem dinheiro para ser alvo de sequestro.

— Só pode ser uma brincadeira.

— De muito mau gosto, se for uma brincadeira.

"Será?"

Balanço a cabeça:

— Acho que não, Ada, seria muita doideira alguém fazer isso.

— É...

Respiro fundo.

Agora, ele me provoca:

— E para você é pior, que fez o curso na Swat e está aí agora algemado, com algema de pelinhos e um balde do seu lado.

— E você está como, ô senhor empresário da segurança?

Ele fala mais alto agora:

— Mas eu não fiz o curso na SWAT e nem tenho experiência em sequestros. Você tem!

Pois eu aumento o tom:

— Você está querendo me responsabilizar pelo que aconteceu?

Agora ele grita:

— Pelo que aconteceu, não, mas pelo que você podia ter evitado.

Eu grito ainda mais alto:

— Puta que o pariu, cara! Nós estamos na mesma merda e você quer dizer que a culpa é minha?

Ele estica as mãos para a minha direção, como se quisesse me bater e grita de novo:

— Mas se você passou pela Swat, como é que você deixou a gente entrar nesta situação? Você dormiu no curso ou ficou nos *outlets* nos EUA, só pode.

— O quê?

Eu fico de joelhos, ereto, gritando na frente dele:

— Vai para a puta que o pariu, Ada! Eu não tinha como prever o que aconteceu no meio da rua, do nada. A gente nem tem o perfil de pessoa para ser sequestrada!

Ele fica de joelhos, bem na minha frente e grita:

— E precisa ter perfil de pessoa sequestrada para ser sequestrado nesse país?

Estamos ambos de joelhos, um gritando na cara

CAPÍTULO 5

do outro, feito louco, quando a van para com tudo, a gente se segura um no outro, para não cair, como num abraço. Os caras abrem a janela agressivamente e um deles grita:

— Mas que caralho vocês estão gritando aí atrás?

O outro aparece com a cara na janela e ri:

— Olha isso, cara, agarradinhos, é briga de casal!

"O quê? Que briga de casal o quê?"

Eles riem.

Eu me desvencilho do corpo do Ada, que ainda estava se apoiando em mim:

— Não tem nada de casal aqui, meu irmão!

Eles riem entre eles, e falam cantarolando:

— Maior lua de mel ali atrás, cara.

"Mas que caralho!"

Agora um deles bate na parede da van e fala grosso:

— As duas bonitas aí, sentem!!!

Nós nos sentamos.

Eu suspiro.

"Não acredito!"

Eles falam grosso, de novo:

— Cala a porra da boca!

O Ada esprime a boca, acho que para segurar alguma resposta.

Eu fico caladinho.

Eles perguntam:

— Tá entendido, bonecas?

Eu balanço o pescoço.

— Muito bem! Não quero mais nenhum pio.

"Pio? Da Eusébia?"

Eles fecham a janela.
Eu olho para o Ada e falo baixinho:
— Piu!

EXERCÍCIO

Se até este momento do livro você se sentiu mais um intraempreendedor do que empreendedor, como começar a colocar isso em prática no seu trabalho?

1. Comece por compreender o que as pessoas fazem no trabalho delas, quais são suas funções na teoria e na prática.
2. Pergunte a elas se elas estão satisfeitas com o que fazem. E se não estiverem, questione como isso poderia ser melhorado.
3. Analise os resultados e crie possíveis soluções para essas pessoas e para os processos que elas indicaram, como possibilidade de melhoria.
4. Leve suas ideias para seus superiores, que podem autorizar você a iniciar processos de mudanças, ou que irão fazer eles mesmos essas tentativas, a partir de trabalho interno (colaboradores atuais) ou externo (consultoria).
5. Se houver a possibilidade, o ideal é que você possa ser o líder dessa mudança ou ao menos participar das ideias que criou.
6. Repita esse processo em todos os departamentos, de tempos em tempos, ou ao menos onde você está autorizado a agir dessa maneira.

Quanto mais você oferece propostas de mudança com melhorias, mais as pessoas estarão abertas as suas ideias, e um ciclo de intraempreendedorismo se instala definitivamente, gerando satisfação para todos.

CAPÍTULO 6

50 FLEXÕES DE BRAÇO, AGORA!

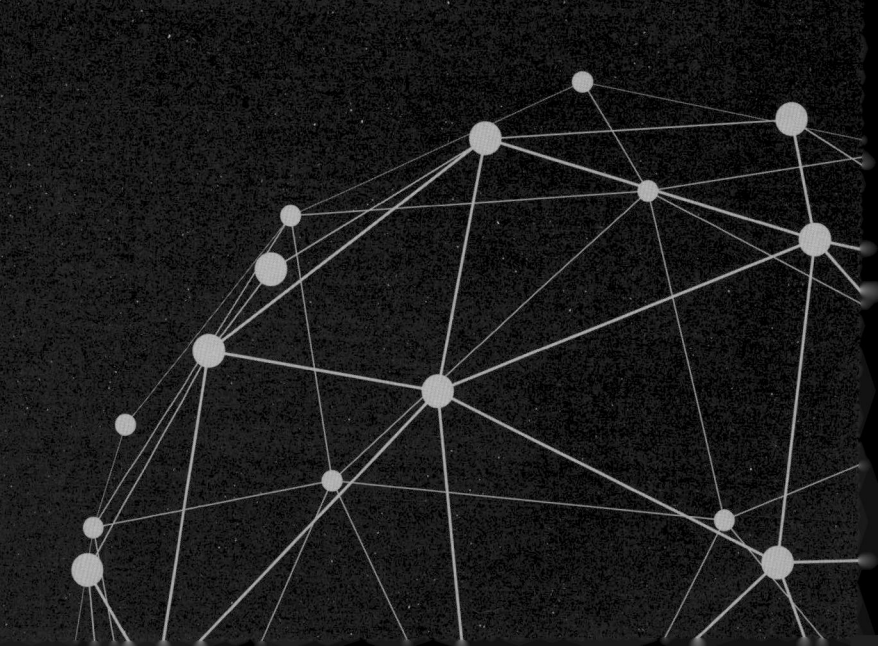

"OUSADIA. UMA DAS QUALIDADES MAIS NOTÁVEIS DE UM HOMEM EM SEGURANÇA."

AMBROSE BIERCE

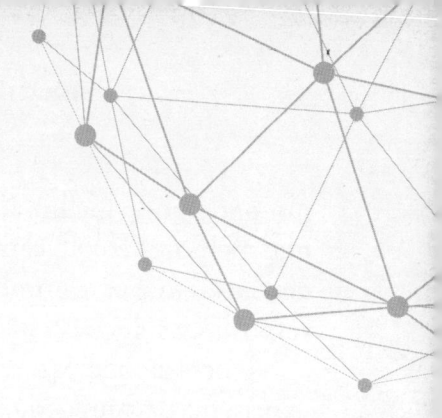

MENTORIA NO EMPREENDEDORISMO E INTRAEMPREENDEDORISMO

Não importa se você está atuando do lado do empreendedorismo ou do intraempreendedorismo. Ambos atuam com pessoas, empresas e negócios. O empreendedorismo atua como dono do negócio, enquanto o intraempreendedorismo como alguém que faz parte do negócio.

O empreendedor ou o intraempreendedor costuma ter liderança nata, carrega uma vontade enorme de mudar as coisas, de analisar e melhorar processos e situações, que envolvem pessoas e suas atividades dentro do ambiente profissional.

Quando se pensa numa mentoria, estamos falando da possibilidade de alguém que está vendo uma determinada situação, pelo lado de fora dela. Um profissional que possui um conhecimento específico, na prática, capaz de abrir os olhos daquele que não está vendo o que está errado ou que possui potencial de melhoria, mesmo bem diante de seu nariz.

Um processo de mentoria trabalha com perguntas que levam o mentorado a perceber por ele mesmo onde pode melhorar, que ferramentas pode usar e que melhores escolhas pode fazer dali em diante, para encontrar novos caminhos e soluções inovadoras. As respostas e soluções estão dentro dele mesmo.

A pessoa que faz a mentoria é alguém que tem experiência naquilo que ensina, através da prática da vida. É isso o que permite um mentor a ajuda efetiva a quem precisa aprender. A presença de um líder neste sentido, na trajetória de um empreendedor, faz com que ele evite tantos erros, como aquele que não teve ajuda nenhuma.

Do outro lado, o intraempreendedor pode também receber uma mentoria ou ele mesmo agir como um mentor, quando atua em equipe e em papel de líder. Geralmente, é mais fácil, para quem já está dentro de uma empresa ou de um meio, atuar como mentor, pois essas situações, muitas vezes, ocorrem de forma natural.

Também existem os processos de mentoria, que são contratados por líderes e gestores, a fim de que esses profissionais solicitados, com seu olhar experiente e dotados de inteligência emocional, possam mostrar a quem precisa o que não está sendo visto.

Assim como, quando temos um problema pessoal, não somos capazes de enxergar uma situação com clareza, porque estamos envolvidos emocionalmente com o problema, o mesmo acontece com uma empresa.

Se eu acabo de sair de um relacionamento amoroso, estou cheio de emoções como tristeza, decepção e frustração. Quiçá, um pouco de raiva. Com esse tur-

CAPÍTULO 6

bilhão de emoções negativas e uma nova situação para lidar, fica difícil perceber a mim mesmo e tudo o que está envolvendo o momento. Para casos pessoais, sabemos que podemos contar com um psicólogo, um terapeuta, uma infinidade de terapias holísticas e até mesmo um *coach*.

Numa empresa, não é diferente. Imagine que toda uma presidência e diretoria foi renovada após dois ou três anos, como costuma acontecer em multinacionais. Esses novos gestores precisam fazer cortes e mudanças solicitadas por sua matriz. Para quem acaba de chegar, não é simples enxergar o todo. E pela posição que ocupam, nem sempre eles têm acesso às informações com transparência.

Em casos assim, uma consultoria pode fazer grande diferença, pois é um momento de vulnerabilidade dos gestores, dos próprios colaboradores e processos. O mentor pode trabalhar como um apoio, para aquele que precisa se posicionar, sem temer o que ainda não conhece, focando em seus pontos fortes e buscando respostas dentro de si mesmo, para todos os desafios que irá enfrentar.

Empreendedorismo ou intraempreendedorismo, não importa. Ambos são caminhos positivos, desde que esteja de acordo com aquilo que o indivíduo gosta de fazer e se propõe a fazer.

A melhor sensação de plenitude que o ser humano pode ter na vida é encontrar o seu propósito e viver nele.

Pense nisso, sinta em você suas emoções, quando pensa no que você faz ou no que gostaria de fazer.

É dentro de você que encontrará todas as respostas de que precisa.

Acredite nelas!

...

Eu vejo a Eusébia comendo um lanche no McDonald's, quando ela acena para mim e me oferece uma garrafa de Coca-Cola.

Falo comigo mesmo:

— Como assim uma garrafa? No McDonald's não vende garrafa de refrigerante, só copo.

"Tem algo errado aí, Eusébia!"

Ela me responde:

— Você quer Coca ou não quer?

Eu levo um susto:

— Como assim, você leu meus pensamentos, Eusébia?

Ela dá uma gargalhada e fala:

— Pior do que uma galinha que fala e lê seus pensamentos é você achar que a garrafa de refrigerante no McDonald's é a única coisa estranha neste sonho.

— Sonho? Como assim, sonho?

Eu olho para todos os lados e vejo imagens embaçadas.

— Cara, acho que isto aqui é um sonho mesmo.

A Eusébia dá uma gargalhada mais alta, começando a parecer risada de uma bruxa má.

— Pare, Eusébia, você está me assustando.

Ela ri mais e mais alto, de forma bem sinistra. E

CAPÍTULO 6

suas imagens vão ficando distorcidas, aumentando e se mexendo no ar.

"Estou atordoado!"

— Pare, Eusébia!

Continuo ouvindo sua risada e fico cada vez mais assustado.

A Eusébia agora me mostra duas garrafas de refrigerante e continua rindo.

— Pare, Eusébia, pare.

"Que medo. Como eu saio daqui?"

Sinto um cutucão no meu ombro.

— Pare, Eusébia!

Sinto outro cutucão, agora na minha perna.

— Pare, Eusébia, pare de me cutucar!

Ouço outra voz:

— Que Eusébia, Neves! Acorda, cara!

Eu dou um pulo e abro os olhos:

— Oi?

O Ada está de boca aberta, olhando para mim:

— Cara, eu não acredito que você sonha com a Eusébia?

Chacoalho a cabeça para acordar direito.

"Eu não acredito... era um sonho mesmo!"

Conto para o Ada:

— A Eusébia me falou que eu estava num sonho.

— Eu não acredito. A gente no meio de um sequestro e você sonha com a Eusébia, como é que você consegue?

"Caraca... gostei da voz da Eusébia!"

— Ela tinha superpoderes no meu sonho, Ada!

Ele ri:

— Que superpoderes?

— De ler pensamentos!

Ele balança a cabeça de um lado para o outro, indignado.

Eu rio ainda e faço um comentário final:

— A Eusébia é sinistra, cara, tem senso de humor diferente...

— Esquece a Eusébia, Neves!

Olho sério para ele:

— Cara, você tem ciúmes da Eusébia!

Ele levanta a mão no ar, como se fosse dar um tapa em algo ou em alguém:

— Que ciúmes, Neves? Para de viajar!

Falo cantarolando:

— Você tem ciúmes da Eusébia...

— Cala a boca, Neves!

Cantarolo outra vez:

— Lá rá lá, o Ada tem ciuminho da Eusébia.

Ele dá um tapa na minha perna:

— Fica quieto, senão os caras vão brigar com a gente, tá ligado?

Eu não consigo me conter e rio ainda mais alto:

— Tá com ciúmes da Eusébia, Ada, eu não acredito.

Caio na gargalhada e ele me mandando ficar quieto.

De repente, a van freia com tudo.

"Ai, meu Deus!"

O Ada fala cochichando e bravo:

— Não falei, para você ficar quieto? Caralho!

"Puta que o pariu. Fodeu!"

CAPÍTULO 6

Escuto o som dos caras caminhando em direção ao fundo da van.

Eles abrem a porta com agressividade.

"De novo!"

— O que está acontecendo aqui, porra? Desce, sai daí agora!

Eles gesticulam encapuzados e com porrete na mão, para a gente descer da van, apontando para o chão.

Eu vou arrastando a minha bunda para descer, bem quietinho.

Olho para o Ada, com cara de emputecido, fazendo o mesmo.

— Vocês parecem duas maricas fofoqueiras, não param de falar!

— Desculpa. – falo baixinho e olhando para baixo.

— O quê? – um deles grita, batendo o meu braço.

Eu repito, um pouco mais alto:

— Desculpa.

Ele bate no meu braço outra vez:

— Desculpa, nada, 50 flexões de braço, agora!

Eu olho para os olhos dele:

— Oi?

O outro bate no ombro do Ada:

— Não ouviu? 50 flexões de braço, agora!

"Não estou acreditando!"

O cara me empurra para cair no chão, mas eu consigo continuar em pé.

— Mas como é que eu vou fazer flexão de braço, algemado?

Eles falam um com o outro:

— Caralho, cara, cadê a porra da chave dessa algema?

— Caralho, você. Não foi você que algemou esses pau no cu?

Eu falo, antes mesmo de pensar:

— Ei, ei, ei, pau no cu, não.

— Fica quieto, Neves! – o Ada me olha torto e bravo.

Os capangas continuam falando entre eles:

— Vai buscar a porra da chave!

— Mas eu não sei onde está a porra da chave!

"Cara, eles só sabem falar porra?"

Um deles bate no braço do outro e dá a palavra final:

— Vai procurar e acha!

O que fica com a gente fica nos olhando e batendo o cassetete na mão, num modo bem ameaçador.

Eu nem me mexo.

Olho para o Ada.

"Continua com cara de puto. Aposto que é o ciúme da Eusébia."

Eu me seguro, para não rir.

Escuto o barulho da porta da van abrindo e depois sendo batida com força.

O capanga volta:

— Tá aqui, ó, as duas!

— Vai, abre logo!

Ele olha para nós e bate o cassetete na própria mão, com força:

— E vocês, nem pensem em nenhuma gracinha, viu?

Eu apenas balanço o pescoço, concordando.

Olha ao meu redor.

CAPÍTULO 6

"Quem é que iria tentar fugir num matagal desses, no escuro?"

Vejo o cara abrir a algema do Ada primeiro. Em seguida, estico os braços para ele abrir a minha. Nem acredito na sensação de alívio, quando me solto dessa tranqueira.

— Aiiii. – eu solto e passo as mãos nos pulsos.

Sinto um tapão nas costas, me empurrando para o chão, e logo caio, ouvindo ele falar:

— Aiiii, nada, 50 flexões de braço, agora!

"Eu não acredito! Exercício físico, no meio do mato, no escuro, durante um sequestro? Para que isso?"

O outro empurra o Ada, que cai bem ao meu lado.

Os dois ficam gritando ao mesmo tempo:

— Bora, 50 flexões de braço!

O outro:

— Vai logo, suas matracas fofoqueiras!

"Eu não acredito nisso!"

Sinto o pé de um deles nas minhas costas:

— Fazendo flexão e contando, bem bonitinho.

O outro:

— Vocês não gostam de falar? Então... fazendo exercício e falando agora. Vamos lá!

Eu começo, me posiciono e falo alto:

— Um! Dois!

Eles implicam:

— Mais rápido, mais rápido, vai, acelera isso aí!

— Três! Quatro!

Escuto o Ada falando baixinho:

— Cinco! Seis!

O outro capanga pisa no braço do Ada, que ainda está no meu campo de visão:

— Mais rápido, cara, bora!

O Ada vai mais rápido e segue a contagem:

— Sete! Oito!

"Caralho!"

Eu conto também:

— Nove! Dez!

Os sequestradores falam entre eles:

— Agora as duas bonecas aprendem a ficar caladinhos dentro do carro.

O outro ri:

— Se não aprenderem, a gente usa o choque na próxima parada!

"Choque? Choque não?"

— Onze! Doze!

"Ai, não aguento mais."

Caio no chão um instante e logo continuo.

— Treze! Quatorze!

"Medo desses sádicos, pra caramba!"

Deixo o Ada seguir sozinho na contagem.

"Tô cansado!"

— Quinze! Dezesseis!

— Bora, bonequinhas, bora!

"Bonequinhas? Mas que caralho!"

— Dezessete! Dezoito!

Solto, sem pensar direito:

— Água!

Levo um tapa na cabeça:

— Água? Você nem chegou na metade do exercício, ô matraca número 1!

CAPÍTULO 6

"Como assim, número 1? Tem numeração agora?"
Eu continuo:
— Dezenove! Vinte!
O Ada continua, com a voz um pouco cansada:
— Vinte e um! Vinte e dois!
Eles gritam:
— Vai, vai, tá muito mole isso aí! Depressa!
— Vinte e três! Vinte e quatro!
"Eu não aguento mais!"
— Vinte e cinco! Vinte e seis!
Dou uma parada de três segundos:
— Bora, bora, bora, parou por que, maricona?
"Eu quero matar esses caras!"
— Vinte e sete! Vinte e oito!
O Ada fala sozinho agora:
— Vinte e nove! Trinta!
Tento olhar para o Ada, para ver se ele está cansado. Viro a cabeça de lado e vejo que ele parece bem.
— Não acredito que ele está mais em forma do que eu. Ele nem foi para o Exército!
Sinto um pé me batendo, então eu falo alto:
— Trinta e um! Trinta e dois!
Depois o Ada:
— Trinta e três! Trinta e quatro!
Agora eu:
— Trinta e cinco! Trinta e seis!
"Água..."
— Trinta e sete! Trinta e oito!
— Bora, bora, seus moles! Ficar que nem mulherzinha brigando na janela, vocês querem, né?

— Trinta e nove! Quarenta!
"Só faltam dez!"
— Quarenta e um! Quarenta e dois!
O Ada:
— Quarenta e três! Quarenta e quatro!
"Acabando, cara, calma!"
— Quarenta e cinco! Quarenta e seis!
O Ada, com a voz cansada:
— Quarenta e sete! Quarenta e oito!
"Finalmente!"
— Quarenta e nove! Cinquenta!
Caio com o corpo no chão e sinto o orvalho da grama molhando toda a minha roupa.
O Ada cai também.
Os sequestradores riem:
— Olha isso, estão cansadinhos, é?
Eles batem na minha perna, chutando com os pés:
— Bora, bora, levantando, vamos, vamos, vamos!
Eu me levanto e fico olhando para eles, enquanto o Ada se levanta também.
— Dá o braço!
"Não tem jeito!"
Estico os pulsos para frente e fico só olhando o sádico me algemar de novo.
Ele coloca a algema de oncinha em mim agora.
Eu falo, de novo, sem pensar:
— Isso, põe a de oncinha para combinar com o Exército!
O Ada olha para mim, puto e boquiaberto.
"Eu sei, eu sei, que falei besteira, mas agora eu já falei. Quando é que eu vou aprender a ficar quieto?"

CAPÍTULO 6

Levo um tapa na cabeça:

— Você está achando que isso aqui é o Exército, cara?

— Não, não, não. – falo resmungando e baixinho, para controlar a minha língua.

"É mais forte do que eu, senhor sequestrador, quando eu vou ver, já falei a besteira. É sempre assim!"

Respiro fundo e fico vendo o Ada ser algemado agora com a pele *pink* na algema dele. Olho para a pele de oncinha na minha algema e me contenho.

"Fica quieto, Neves! Fica quieto! Ufa! Fiquei dessa vez! Mas que eu pensei, ah, isso eu pensei."

Seguro o riso.

Olho para a minha roupa e a do Ada.

"Tudo sujo..."

O Ada pergunta:

— Água, cara, pelo amor de Deus!

Um capanga olha para o outro:

— Água!

E gesticula para ele buscar na frente da van.

— Vai, vai, vai, subindo vocês dois.

Ele aponta o interior da van e nós vamos entrando.

"De novo... saco!"

Eu me sento, me arrastando e me ajeitando no assoalho, e o Ada faz o mesmo.

O outro cara volta e joga uma garrafa de água para cada um.

O Ada, todo valente, faz outra pergunta:

— Até que horas vai isso? Onde vocês estão nos levando?

Eles vão fechando a porta, respondendo e rindo ao mesmo tempo:

— Surpresaaaaa!

"Eu não acredito!"

Eles batem a porta da van e eu olho para o Ada:

— O que foi isso, Ada?

— Isso o quê?

— Que surpresa é essa?

— E eu sei lá, esses caras são esquisitos, não dá para saber o que eles querem.

"Ai, puta que o pariu, não dá mesmo!"

Abro a minha garrafa e bebo com gosto.

"Que sede!"

Escuto o Ada bebendo também.

Termino a garrafa e jogo ela para o lado.

— Você bebeu tudo, Neves?

— Bebi.

Ele balança a cabeça:

— Você não sabe quando vai ter outra.

— Tô cansado, cara.

— Eu também, mas vamos manter a razão, né?

Fico quieto. Eu sei que ele tem razão.

— Quanto tempo será que passamos aqui?

— Eu não sei, quando você estava sonhando com a Eusébia, eu estava dormindo também.

— Você dormiu também? Será que foram horas?

— Não faço ideia.

"Jesus amado!"

— E agora, o que a gente faz?

— Sei lá, fala aí de alguma coisa, para passar o tempo.

— Tá, mas vê se fala baixo e não fica rindo alto, não tô a fim de fazer flexão de novo, não.

CAPÍTULO 6

— Falou...

"Seja lá para onde for que estamos indo, acho que prefiro chegar logo."

Respiro fundo e fecho os olhos por um instante. Vejo a imagem do rosto da minha filha, se aproximando e vindo me abraçar.

Abro os olhos rapidamente, para não me desesperar.

"Vai, Neves, muda de assunto, muda de assunto, esquece sua filha agora!"

Provoco o Ada, para que ele fale:

— Ô, Ada, fala lá sobre o seu *coach*, mentoria, que você faz agora.

Ele balança a cabeça e sorri:

— Primeiro é importante conceituar o que é mentoria, né?

— Você vai me dar aula de mentoria, agora?

— Ué, aproveita! Tá ocupado?

Eu bufo.

"Não acredito, o Ada fazendo gracinha."

Vai, me ensina, então.

Vejo-o suspirando e enchendo o peito, antes de falar.

"Isso é o que acontece quando a gente faz o que ama. Eu entendo. E quer saber? Vou embarcar na dele. Tá osso."

— Mentoria não é *Coaching* e muito menos consultoria, o papel do mentor é conversar, provocar e discutir com o empreendedor, para ele acelerar o próprio desenvolvimento.

— Sei.

"Vou deixá-lo falar agora e relaxar um pouco. Não posso pensar na minha filha, senão eu piro. Vou me concentrar na história dele."

Ele continua:

— Sendo assim, logo de início, vem um pensamento: qual a formação necessária para ser mentor? Você imagina?

— Hum, não sei, imagino que ele deva ser especialista em alguma coisa, não?

Ada balança dois dedos no ar, para responder, todo pimpão:

— A resposta é supersimples: a experiência!

— Tá.

— Ter vivido na prática o que ele ensina, seja o que for.

Eu fico bem quieto, só deixando-o falar.

— Quando falamos de experiência na prática, isso envolve ter vivido experiências boas e não boas.

Só balanço a cabeça, concordando.

Ele continua:

— Um mentor, que já quebrou, faliu, entendeu por que quebrou, aplicou as correções e aí conquistou ótimos resultados, é muito bacana isso.

— Igual o que aconteceu com você, né?

— Exato. E assim, ele terá experiências que vão contribuir com o mentorado com provocações e *insights*, fazendo ele avaliar e planejar os próximos passos, de forma que ele se sinta seguro e confortável e avance de forma independente.

— Imagino.

Ada se empolga, fica ereto, para continuar falando. "Normal quando se gosta do que faz."

— Para mentorar, é fundamental você ter paixão por compartilhar o que aprendeu.

CAPÍTULO 6

— É, é o que eu fiz na minha equipe e faço o tempo todo.

— Sim, sim. E você se realiza, vendo outras pessoas e negócios se desenvolverem, mesmo que sejam negócios que concorram com o seu, ou seja, você tem o desejo de ver seu segmento ou sociedade se desenvolvendo como um todo.

Concordo, gesticulando com o pescoço:

— É, e uma maneira de pensar altruísta, visionária, tem sido um desafio para muita gente ou empresa pensar assim, porque muitos só pensam no lucro e competitividade.

Ele segue explicando:

— Importante ter em mente que, para aprender, é necessário saber ouvir o que os outros têm a dizer.

— Isso é outro desafio, bem grande, Ada...

— Sim, porque o aprendizado é a consequência da humildade de saber escutar, e para aprender com os outros, tem que compartilhar o que foi aprendido.

Suspiro:

— Você sabe fazer isso, eu sei, mas não é todo mundo. Tem gente que tem medo de compartilhar o conhecimento e criar concorrentes.

— É, mas quando não tem, aí chegamos no ciclo virtuoso, quando o aprendizado se torna uma troca de experiências retroalimentadas pelas pessoas que escutam e compartilham.

"Retroalimentadas? Tá inspirado o rapaz. O sequestro fez bem para ele. Vou ficar quieto."

Deixo-o continuar, de boa:

— É comum líderes se tornarem mentores, porque eles têm como meta inspirar seus comandados, criando o empoderamento. Com isso, os comandados ficam mais fortes, com ferramentas que podem resolver suas questões.

Balanço o queixo e não contenho um comentário:

— É interessante isso, porque é exatamente o que tem acontecido na minha trajetória profissional.

Ele se remexe todo para responder:

— E você é intraempreendedor, o que é incrível, porque você é funcionário e poderia ser daqueles ressentidos, que reclamam de tudo, mas o contrário: você mudou um monte de coisas na empresa onde trabalha. Você está inserido da estratégia à operação, identifica o que a companhia precisa, traz soluções que impactam todo o ecossistema... Cara, você acabou atuando como mentor na sua empresa, de forma que ela impactou outras, com os exemplos que a gente conversou.

Não consigo segurar o orgulho:

— Saiu em grandes veículos de comunicação, meu amigo.

Ele simula bater palmas:

— Então, você atuou como mentor e deve continuar assim para o resto da vida, porque você se tornou especialista no que faz e é líder, porque gosta de transformar o ambiente a sua volta para um mundo melhor.

— Sim, eu sei, mas e quando as pessoas não têm essa visão?

— Por isso as empresas me contratam, para eu levar essa visão para eles.

CAPÍTULO 6

— Faz sentido.

Estralo o pescoço e fico olhando para ele, dando a deixa, para que ele prossiga na sua empolgação.

"Será que sai mais uma piada? Vou ficar quieto!"

Ele fala:

— Voltando para o que faz um mentor, ele não é o cara que vai falar para você o que fazer, muito menos vai trazer fórmulas mágicas, que bastam ser aplicadas, que você será feliz.

"Feliz? Eu? Neste momento? Sem chances."

Bico calado.

Ele prossegue:

— Seu faturamento não vai dobrar e tudo será maravilhoso. Pelo contrário, o mentor vai sempre te ouvir muito, e de posse das informações que você passar, ele devolve com provocações.

— Hu-hu.

"É, sei bem como é isso. E gosto!"

Ele prossegue:

— Baseado nas experiências que ele viveu e que farão a pessoa achar qual o melhor caminho para ela.

— Isso funciona.

A van faz uma curva íngreme, e nossos corpos vão acompanhando o movimento. Faço força para não sair do lugar.

"Para que raio de lugar estamos indo? Quando é que isso acaba, meu Deus?"

O Ada continua argumentando:

— Até porque, você terá muito mais firmeza em colocar em prática algo que você entendeu como melhor caminho.

— Como o que eu fiz trocando as armas letais?
— Isso.
Respiro fundo e fico mudo, olhando meu amigo, todo empolgado.
Ele segue:
— Como conselheiro, o mentor conversa, provoca, discute com o mentorado para acelerar o seu desenvolvimento, que no mundo corporativo é visto como uma ferramenta eficaz e de grande valia, porque estimula inovação e criatividade com segurança.
— É, que bom que o mundo corporativo está se abrindo para esse tipo de mentoria. Fico muito feliz, que eu tenha a liberdade de atuar como mentor no meu trabalho. Eu vejo a diferença que fez e isso me torna bem mais do que satisfeito, mas motivado a fazer sempre mais.
— Além da confiança que você ganhou das pessoas.
Concordo com a cabeça:
— Sim, dos funcionários e dos líderes acima de mim.
Balanço os ombros:
— Mas o que mais, Ada?
Ele pigarreia, antes de continuar:
— O processo de mentoria, através do mentor, traz muitas perguntas, sempre baseado em experiências próprias e vivência maior em um determinado tema, entregando conhecimento e fórmulas, para que o mentorado desperte e encontre soluções de curto prazo.
— Que vão mudar todo o seu futuro?
— Exatamente.
Respiro, soltando devagar, para me acalmar:
— A mentoria é fundamental para todo cargo de alta gestão, cara.

CAPÍTULO 6

— Mas será que existe consciência disso nas empresas? E por parte da maioria dos gestores?

Eu me ajeito no assoalho, não aguentando mais de dor na bunda.

"Puta que o pariu."

O Ada muda de posição também.

"Olha o rapor..."

E ele segue:

— É comum as pessoas acharem que os gestores, empresários e CEOs, por viverem cercados de colaboradores, fornecedores, clientes etc. São pessoas que nunca se sentem sós.

— E se sentem?

— Claro. É justamente o inverso disso, as funções mais solitárias que existem são as de liderança de uma companhia, por causa dos inúmeros assuntos, ideias e decisões, que demandam outra pessoa com experiência no assunto e que não venha com preconceitos e sentimentos de estar no olho do furacão do tema a ser decidido.

— Nossa, isso faz muito sentido. Quem está no meio da tempestade não tem condições de enxergar como quem está de fora.

— Exatamente.

Ada suspira e volta a conversar:

— O gestor ou o líder que recebe mentoria precisa estar de coração aberto para receber as provações.

— Sim...

"Faz muito sentido isso."

— As grandes mudanças virão da evolução dele mesmo.

— Concordo.

— E quando ele atingir esse ponto, vai estar muito mais seguro e certo das decisões, sua taxa de acertos e aumento dos resultados, naturalmente, começam a melhorar.

— Consideravelmente. – eu acrescento.

Os caras fazem outra curva, que a gente tem que se segurar para não cair no chão.

"Filhos da puta! Que vontade de xingar."

Eu me seguro e olho para o Ada, para ele continuar falando.

"Senão eu explodo a qualquer momento e vai dar flexão de braço."

O Ada fala:

— Um potencializador para os resultados da mentoria, é ela ser constante, com encontros regulares, para todo trabalho ter começo, meio e fim.

— É, essas coisas demandam tempo, Ada.

— Sim. Muito tempo, disciplina.

Suspiro.

Ele dá sequência:

— O que demanda tempo, estudo, ajustes e ação para os *insights* recebidos pelo mentorado.

— Mas vale super a pena no final.

O cara sorri, de orelha a orelha:

— Tudo isso compreendido, vale a pena, para qualquer gestor, procurar alguém por quem sinta empatia e se sinta à vontade em abrir seus problemas, e com certeza, o negócio vai se desenvolver.

— É isso, aí, cara, você deve ser um mentor do caralho, parabéns!

CAPÍTULO 6

— Eu sou foda mesmo!
Eu rio.
"O Ada fazendo piadinhas é novidade para mim!"
— Mas fala aí, Neves. E você? Quais são seus planos de hoje em diante?
— Meus planos?
— Sim, porque até onde eu vi, você já está super-realizado com o seu trabalho. Mas sempre tem algo a mais, não?
Sinto o solavanco da van num buraco e solto um grito, antes de raciocinar:
— Ôôô, presta atenção, caralho!
O Ada levanta os braços na minha frente, sem conseguir abri-los, por causa da algema:
— Chiu, você está louco, Neves? Chega de flexão por hoje.
"Puta que o pariu. Esqueci!"
— Desculpa, Ada, estou cansado.
— E quem não está?
Suspiro.
Fico pensando na pergunta dele.
— Cara, eu acho que quero fazer muito ainda na empresa onde eu trabalho, e para nosso setor de Segurança.
— Como o quê?
— Eu gosto desse papo de mentoria que você falou, porque de certa forma, eu já faço isso.
— Como?
Respiro fundo e respondo:
— Através dos treinamentos, das ações, reuniões, eventos, do meu exemplo mesmo, no dia a dia, acabo mentorando toda a minha equipe, de forma coletiva,

individual, e acredito que tenho impactado, gerado reflexão, e em alguns casos até tendências.

— Você é um líder nato.

Balanço a cabeça.

— Sou mesmo, mas nunca quis empreender.

— Por causa do seu pai?

"Pois é... por causa do meu pai."

— Quem diria, hein? As memórias tristes de uma infância ainda influenciam uma vida adulta e ainda feliz.

— O que você quer dizer?

— Que eu sou feliz, já podia ter esquecido o que passou. E até esqueci, mas me recuso a repetir os mesmos passos dos meus pais, sabe?

— Entendo. Mas sabe que essa coisa de repetir os passos dos nossos pais e avós está além daquilo que podemos entender?

— O que você quer dizer com isso?

— Cara, há poucos anos eu fui para Portugal, visitar vinícolas, que é algo que eu gosto muito e sem saber, quando eu estava lá na região, lembrei do meu avô.

— O mendigo?

Fico tocando a pele de oncinha na algema.

"Adorei!"

Rio por dentro.

Ada continua:

— Isso. Ele tinha vindo de Portugal, então eu liguei para o meu pai, para perguntar, onde meu avô tinha morado.

— E aí?

Ada fala com brilho nos olhos:

CAPÍTULO 6

— Eu estava na região onde meu avô tinha morado, um lugar chamado Penacova, onde ficavam as vinícolas, que estava visitando.
— Uau.
"Que incrível!"
— E não é só isso. Veja, eu repeti os passos do meu avô, desde pequeno.
— Por que você queria ser empreendedor?
Ele balança a cabeça:
— Eu queria ser empreendedor, consegui e depois perdi tudo.
— Mas depois se reergueu.
— Sim, eu repeti os passos dele, mas evoluí. Não é esse o objetivo das novas gerações? Sempre ultrapassar as gerações anteriores?
— É, faz sentido.
Estico os braços para frente, tentando sentir algum conforto em meu corpo, depois de horas trancado nesta porcaria de van.
Mudo um pouco o assunto:
— Falando em padrões familiares, acho que a coisa mais importante da minha vida é a minha filha, a Bia.
— Já deu para perceber.
Eu continuo:
— Nem consigo falar muito dela agora, porque fico nervoso, devido à situação absurda que estamos.
— Se não quiser falar, não fala.
— Mas eu quero.
— Então fala.
Nós rimos.

Eu suspiro e falo do grande amor da minha vida.

— Ela é tudo para mim, cara, tudo que eu faço, eu penso nela, se ela vai sentir orgulho e se vai seguir meus passos um dia.

— E se ela não seguir?

— Tudo bem, mas eu ficaria feliz se ela seguisse.

Mais um solavanco e eu tapo a minha boca.

Ada solta um ufa.

— Esses caras estão de brincadeira, não é possível.

— E esse lugar que nunca chega, Neves?

Ficamos em silêncio alguns minutos.

"Como será que a Bia está, meu Deus? Minha família já sabe do sequestro? Estão em negociação? Nós vamos sair vivos daqui?"

Minha cabeça gira, me sinto confuso, cansado.

— Ada, melhor a gente conversar, cara.

— Eu sei, minha cabeça não para também.

— Pensamentos negativos?

— É. Medo.

— Tá, vou falar de novo dos meus trabalhos na empresa.

— Boa. Fala, Neves!

— Eu pretendo fazer vários projetos ainda, profissionalizar cada vez mais os funcionários, fazer com que eles se sintam em casa, sabe? Parte da empresa mesmo, com o mesmo amor e engajamento que eu sinto.

— E quais são seus próximos passos?

— Estou trabalhando em cursos profissionalizantes, mas pretendo fazer vários, para que eles se desen-

CAPÍTULO 6

volvam como pessoas também, autoconhecimento, inteligência emocional, se sentindo felizes, satisfeitos.

— Sensacional, cara!

Outro solavanco.

— Mas não é possível esses caras, como eles dirigem mal.

— Ou será que é de propósito?

— Por que seria?

— Não sei, para deixar a gente com medo?

— Não, não acredito.

— Não sei.

A van começa a desacelerar e eu e o Ada ficamos olhando um para o outro.

Eu falo cochichando:

— Eles estão parando? O que está acontecendo?

Parece que eles abaixaram a janela de vidro elétrico.

— O que eles estão falando, Ada?

— Eu não sei. – ele responde, sussurrando.

Escuto a voz de alguém diferente, que está do lado de fora da van.

Ele diz:

— Vai, pode entrar. Eles estão esperando vocês.

"Eles? Eles quem?"

Olho para o Ada:

— Você ouviu?

— Ouvi!

— Jesus, Maria, José! A gente chegou?

Ada concorda com a cabeça.

— Mas aonde a gente chegou?

A van começa a andar de novo, mas devagar.

Escutamos o barulho de um rojão.

— O que é isso, um aviso?

— Reza, Neves! Reza!

"Pai nosso, que estais no céu... santificado seja o Vosso nome..."

CAPÍTULO 6

EXERCÍCIO

Considerando a possibilidade de empreender ou intraempreender, você acredita que um processo de mentoria é um caminho interessante?

Uma mentoria pode ter duas perceptivas. Primeiro, a de quem passa por ela como mentorado, ou seja, onde em primeiro lugar se aprende. Esse processo pode ser com alguém do seu trabalho ou com uma consultoria externa, o que achar mais coerente para a situação.

Abrir-se para um processo de mentoria, como mentorado, é se permitir novos conhecimentos, pontos de vista e talvez o contato com novas ferramentas para se autoconhecer e depois reconhecer os processos e diferentes funções da empresa. Tudo agrega e o torna mais apto a escolher o passo seguinte.

A segunda perspectiva é ser o mentor de alguém, que já esteve no seu lugar de mentorado, um dia. Passar suas ideias, conhecimentos, ferramentas e percepções, compartilhando esses conhecimentos e experiências adiante. Isso amplia o saber de todos e o seu, como líder e mentor. Aqui também é aprendizado.

Ambos os lados da mentoria agregam, e se você pensar bem, em quantos momentos da sua vida você foi ora um mentorado e ora um mentor?

Muitas vezes, na vida, estamos no lugar de aluno e depois no de professor. Não há o lugar certo ou errado, mas o momento em que se está. Ora aprendendo, ora ensinando. Esteja receptivo ao processo, seja ele qual for, no instante em que se apresenta.

Quando treinamos, nosso olhar para perceber tudo como oportunidade de aprendizado, tudo se transforma, pois você permite uma melhoria de si mesmo em primeiro lugar e sempre, o que irá refletir em todas as áreas da sua vida!

CAPÍTULO 7

LIBERDADE, ABRE AS ASAS SOBRE NÓS!

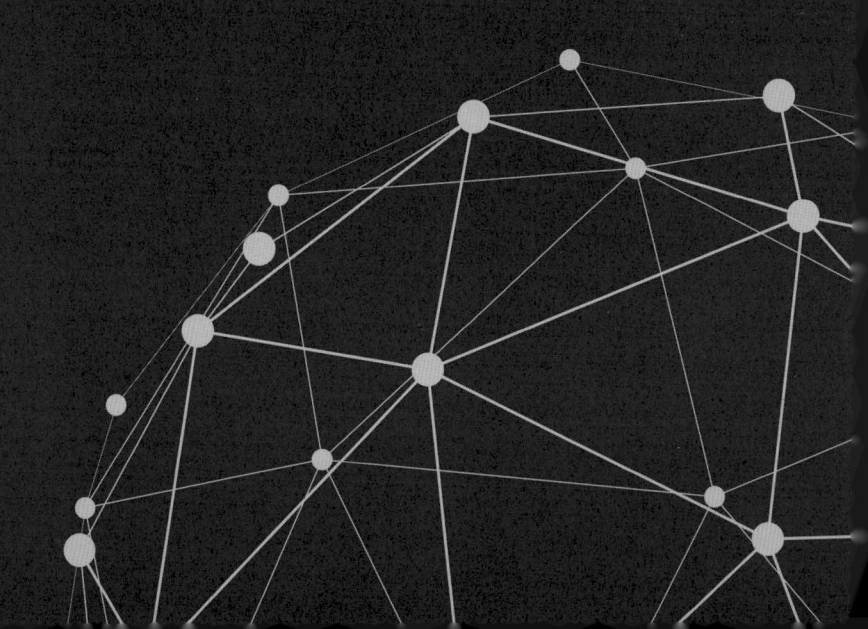

"EVITAR O PERIGO NÃO É,
A LONGO PRAZO, TÃO SEGURO
QUANTO EXPOR-SE AO PERIGO.
A VIDA É UMA AVENTURA OUSADA
OU, ENTÃO, NÃO É NADA."

HELEN KELLER

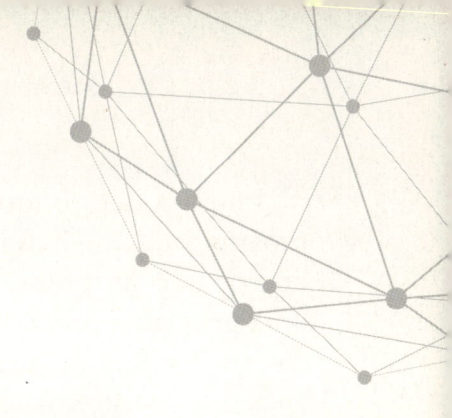

EMPREENDEDORISMO OU INTRAEMPREENDEDORISMO, QUE CAMINHO SEGUIR?

Se você é jovem e está decidindo sobre que caminho seguir em sua vida, saiba que a resposta está dentro de você. Lembre-se que o sistema educacional não direciona os universitários para o caminho do empreendedorismo, nem para o intraempreendedorismo. É necessário que, sozinho, o aluno sinta dentro de si a vontade de fazer algo diferente, de algo a mais do que simplesmente ser colaborador de uma empresa.

Não há nada de errado em se colaborar com uma empresa como funcionário. Porém existem outros rumos, que não são necessariamente ensinados na faculdade, como justamente o empreender e o intraempreender. Ambas as escolhas podem ser positivas, desde que atendam à vontade de quem trabalha com isso.

Se de um lado o empreendedorismo permite a liberdade de não ter que se preocupar com o emprego, o intraempreendedorismo permite uma criatividade e autonomia dentro de uma segurança que o empreendedorismo não tem, pois o empreendedor corre riscos e investe por si mesmo.

Empreender ou intraempreender tem a ver com proatividade, iniciativa e vontade de mudar o mundo, a partir do próprio ponto de vista. Trata-se de uma pessoa visionária, capaz de olhar o todo e mudar os detalhes ao seu redor, pouco a pouco, dia após dia, transformando seu entorno.

Tudo o que se faz na vida deve estar de acordo com a personalidade de cada um. Se eu sou uma pessoa mais calada, que gosta de trabalhar sozinha, na frente do computador e sem interagir com pessoas, é provável que eu não me dê tão bem com o empreendedorismo. Por outro lado, se sou uma pessoa mais tímida e passiva, talvez não me dê tão bem com o intraempreendedorismo. Os dois caminhos pedem ousadia e iniciativa.

Ninguém é obrigado a empreender ou intraempreender. Se alguém é feliz sendo um funcionário comum, que continue assim, pois o mundo precisa disso. Agora, para quem é um inconformista e está sempre tentando mudar as coisas, tanto o caminho do empreendedorismo como o do intraempreendedorismo são positivos e a sociedade também necessita disso, principalmente num país como o Brasil, onde há alto nível de desemprego.

O empreendedorismo tira o desempregado da zona de improdutividade e da escassez. O intraempreendedorismo desenvolve pessoas, departamentos de uma empresa, de forma criativa e proativa. Tanto um quanto outro têm pontos positivos. Os negativos são os que fazem parte da vida e caminho de

CAPÍTULO 7

qualquer um. O que não pode ocorrer é se fazer algo onde seu perfil de personalidade não se encaixa.

Você não poderia fazer matemática, se não gosta de números e ama escrever. Você talvez não deva ser esportista, se é totalmente intelectual. Você não seria feliz, sendo cozinheiro, se ama trabalhar apenas como engenheiro mecânico. A mesma coisa serve para empreendedorismo e intraempreendedorismo. É importante o autoconhecimento e a noção de onde você se encaixa e se sente feliz, satisfeito e motivado a seguir uma carreira por toda uma vida.

Empreender é um excelente caminho.

Intraempreender é um excelente caminho.

Tudo vai depender de quem você é e aonde quer ir.

O mundo precisa de ambos e você só precisa escolher aquilo que lhe faz bem.

...

A van corre de forma desembestada pela primeira vez, parecendo fazer zigue-zague.

— O que é isso, Ada? O que é isso?

— Eu não sei, cara.

"O que está acontecendo?"

Eu tento me segurar, mas bato a cabeça na parede do carro:

— Aiii.

Vejo o Ada caindo para o lado e gritando:

— Filhos da mãe!

"Socorro, meu Deus, me ajuda!"

Nossos corpos ficam rolando no chão, de um lado para o outro.

— Puta que o pariu, o que está acontecendo?

Sinto meu coração disparar, as mãos tremerem e a respiração ofegante.

— Ai, minha perna, ai, meu braço.

— Ai, ai, ai. – o Ada também reclama, muito bravo.

Do lado de fora, uma sirene.

— Escuta, Ada, a polícia! A polícia!

Eu me pego sorrindo, sentindo esperança de sair daquela situação bizarra.

— É a polícia, Ada?

A sirene parece se aproximar e o barulho de pneus de carros com o chão só aumenta, freadas e tudo mais.

— Eu acho que é a polícia, sim, cara.

— Graças a Deus!

A gente continua balançando e eu estou me machucando inteiro.

"Eu quero matar esses caras!"

Eles correm ainda mais e a sirene parece estar seguindo a van.

Eu grito, levantando a cabeça no ar:

— Ei, ei, a gente está aqui!

— Cala a boca, Neves, você acha que eles vão escutar você aqui dentro?

"Verdade, não vão, mas eu não quero nem saber!"

— Socorro, a gente está aqui!

— Cala a boca, Neves!

— Grita também, Ada!

— Por quê? Eles não vão ouvir!

CAPÍTULO 7

— Eu tô nervoso!

A van corre e parece dar um cavalinho de pau, a sirene seguindo a gente.

Meu corpo parece capotar em cima do Ada e volta para o chão.

— FILHOS DA...

Agora o Ada começa a gritar também:

— Para logo esse carro, se entreguem!

"Isso, Ada, grita!"

— Socorro, socorro, socorro!

A van sai correndo, a sirene atrás.

— Aqui, aqui, nós estamos aqui!

— Socorro! Polícia! Aqui!

"Estamos que nem duas bestas gritando, e eu não faço ideia se alguém pode ouvir alguma coisa ou não. Mas quer saber? Isso me ajuda a extravasar!"

— Socorro, a gente tá aqui! Aqui! Ajuda!

O Ada continua:

— Fogo, fogo, fogo!

"Fogo? Tá louco?"

— Que fogo, Ada?

— As pessoas ajudam mais quando você grita fogo do que socorro, não sabia?

Respondo, olhando para ele por um momento:

— Eu não! Mas então tá! Fogo! Fogo! Fogo!

A van para com tudo e a gente cai para a frente com tudo, batendo na parede da frente. A sirene da polícia continua ligada.

— Deu certo o fogo, Ada!

"Não acredito, eles pararam!"

— Puta que o pariu! Aiiii.

— Ai, ai, ai.

Um barulhão do lado de fora:

— Perdeu, perdeu, perdeu, *playboy*!

Passos em volta da van e barulho de arma sendo engatilhada.

"Jesus, estamos salvos! Ou será que não? Ai, meu Deus do céu, socorro!"

Ainda do lado de fora:

— Dá a chave, dá a chave, mané!

Barulho de movimentação de gente.

— Toma!

— Perdeu, perdeu, perdeu!

"Quem perdeu, meu Deus do céu! Deus queira que a polícia tenha vencido!"

Alguém bate na van e grita:

— Abre logo essa porra!

"Pai nosso que estais no céu, santificado seja o vosso nome..."

Alguém abre as portas violentamente e já nos puxa para fora:

— Bora, bora, bora, vamos embora daqui!

"Venha a nós, o vosso reino, seja feita... ops!"

— Oi, quem são vocês? – o Ada pergunta.

Eles estão com roupa do exército.

"Mas o que é isso? Desde quando Exército tem sirene?"

Alguém coloca um capuz preto na minha cabeça.

"De novo? Mas que saco!"

Sinto que estou pisando numa estrada de terra, sem grama e com algumas pedras.

CAPÍTULO 7

Eu balanço a cabeça:

— Não, de novo não! Ada, Ada, cadê você?

— Me encapuzaram outra vez, Neves!

"Não acredito!"

Eles me empurram, me segurando pelo ombro e me guiando.

Sinto as pedras sob meus pés e cheiro de mato, de relva.

"Que lugar é esse?"

Tem luzes aqui, eu posso perceber, que é um lugar iluminado.

"Puta que o pariu!"

— Que que é isso, cara? Quem são vocês?

Alguém dá um tapa no meu pescoço:

— Quieto, quieto, vamos andando!

Eu grito:

— Mas onde nós estamos?

"Será um cativeiro?"

— Vocês já vão ver, calminha aí, bonecas.

— Bonecas, não. – o Ada fala, bravo.

Eu caminho uns duzentos metros com o cara me empurrando, até chegar a uma porta, ao menos, o que parece ser uma porta, o som fica abafado e o chão é outro, de piso frio.

"Estamos numa casa? Numa fazenda?"

— Onde nós estamos?

"Tem mais luz aqui, eu sinto."

— Ada, você está aí?

Ele responde, bravo:

— Tô aqui, Neves!

"Graças a Deus, me sinto mais seguro com o Ada por perto!"

— Onde nós estamos, cara?
— Eu não sei, não estou vendo nada.
Escuto o som, que parece ser de várias pessoas.
— Mas tem gente aqui?
"Tem gente aqui, tem gente aqui, eu sinto!"
Eu grito, me balançando:
— Quem está aí? Quem são vocês? Ajudem! Nós fomos sequestrados!
Ouço o pigarro de alguém e outra pessoa abafando uma tosse.
"Mas que sadismo é esse? Tem gente aqui. Eu sei!"
Eu me mexo inteiro, tentando seguir o som, enquanto o capanga continua me segurando e empurrando pelo braço, me guiando:
— Quem está aí? Quem é? Quem é? Está ouvindo, Ada?
— Estou.
Ada começa a gritar, feito louco:
— Socorro, socorro!
Ouço o barulho, que parece ser um riso abafado.
"Mas não é possível!"
— Vai, vai, sobe.
— Sobe onde?
"Quem disse que eu quero subir?"
— Sobe, olha o degrau!
"Degrau?"
— Degrau?
— Vai, vai, pisa no degrau e sobe.
"Eu não acredito!"
Tateio o chão com o pé e subo um degrau. Dois, três, quatro.

CAPÍTULO 7

— Vai, agora anda.
— Para onde?
— Só anda!
"E se ele me jogar dentro de um poço? Um buraco?"
O outro capanga vem logo atrás de mim, empurrando o Ada e falando:
— Vai, cara, sobe também.
"Onde nós viemos parar, meu Deus do céu! Que escada é essa?"
Posso sentir que tem mais gente aqui e o som agora é abafado.
O capanga une nós dois, eu e o Ada, um do lado do outro.
— Olha só, caras, nós vamos tirar o capuz de vocês agora, estão preparados?
— Preparados para quê?
"Pai amado, o que eles vão fazer? Minha filha, Senhor..."
— Estão ou não estão?
— Tô preparado!
Meu coração parece que vai sair pela boca.
A respiração está mais ofegante do que nunca em minha vida, sinto o suor escorrendo pelas minhas costas e a nuca.
"Que medo, onde nós estamos?!"
— Vai cara, tira logo. – o Ada grita.
"Como ele está nervosão, jamais vi ele assim. Também, pudera."
— Nós vamos tirar juntos, no três.

"Como assim no três? É festa de aniversário agora?"
Escuto a respiração do Ada e ele bufando.
"Indignado o rapaz!"
Os caras contam:
— Um...
"Que absurdo!"
— Dois...
"Seus pilantras!"
— Três!
"Mas que saco, tira logo!"
Sinto o capuz sendo puxado bruscamente e dou de cara com a...
— Eusébia???
Muitas gargalhadas em nossas costas.
"O que é isso?"
Olho para o Ada e os capangas:
— Mas o que é isso?
O Ada:
— Que que é isso?
Olho para o chão e vejo o piso de madeira, viro para trás e há um monte de gente, que começa a bater palmas.
— O que é isso?
Um barulho de palmas ensurdecedor e assobios.
Olho para o Ada:
— O que está acontecendo, cara?
— Eu, eu... eu acho que nós estamos na festa, Neves!
"Festa? Que festa?"
— Ah, a festa?
"Estamos num palco."

CAPÍTULO 7

Os caras tiram nossas algemas, finalmente.
— Ai, tira esse troço, pelo amor de Deus!
"Ufa!"
Toco os pulsos, aliviado. Vejo o Ada fazer o mesmo.
"Que alívio!"
Olho para cima e vejo um telão.
Aponto para o Ada olhar também. Ele vê e dá de ombros.
— O que significa isso, Ada?
— Parece que zoaram legal a gente, Neves!
"Puta que o pariu!"
Começa a tocar uma música e a Eusébia dança na nossa frente. Ou melhor, alguém está vestido de galinha, que para nós é a Eusébia, mascote do CT SEGURANÇA no YouTube.

Eu balanço o pescoço para os lados, chacoalhando meu rosto.
— Não estou acreditando. Tudo isso foi uma pegadinha?
Começo a reconhecer os rostos na minha frente:
— Mas é o pessoal da empresa.
O Ada olha com as mãos na cintura e rindo.
"Ele consegue rir?"
E comenta:
— É da nossa família, Neves?
— Família? Cadê?
— Olha lá, sua esposa e sua filha.
Eu procuro, desesperado.
"Depois de pensar tanto na minha filha, meu Deus, cadê ela? A minha pequena!"

— Onde?

Ele aponta o dedo e vejo minha filha, no colo da minha esposa:

— Eu não acredito!

O telão começa a passar um filme, onde eu e o Ada aparecemos na avenida, sendo sequestrados, e congela na imagem.

— Ada, olha isso!

O povo continua batendo palmas.

Alguém entrega um microfone para a Eusébia!

— Mas não é possível.

A Eusébia fala:

— Surpresaaaaa!

"Surpresa o quê?"

Eu rio, mais de alívio do que de alegria.

— Então não era um sequestro?

Eusébia responde:

— Não, era só uma carona especial.

Nosso amigo de programa na internet tira a fantasia da cabeça.

— Caralho, cara, por que vocês fizeram isso?

— Vocês não sabem que dia é hoje?

— Não!

O Ada está rindo e a noiva dele se aproxima.

Olho para o lado e vejo minha esposa finalmente se aproximando com a minha filha.

"Graças a Deus, amores da minha vida!"

Elas me abraçam.

Eu questiono, meio que indignado:

— Amor, você participou disso?

CAPÍTULO 7

Ela balança a cabeça:
— Eu fui obrigada, né?
"Eu não acredito!"
Abraço as duas e elas descem do palco, assim como a noiva do Ada.
— E agora? Vocês vão explicar para a gente?
O colega começa a apresentar a festa:
— Gente, como foi prometido para vocês, a grande surpresa da noite! Nossos heróis *experts* da Segurança foram sequestrados!
— Fomos nada!
— Ah, foram sim.
— Saco. – o Ada abaixa a cabeça, balançando a cabeça de um lado para o outro.
"*Experts* da segurança sequestrados, é o fim da picada, que mico!"
Eu cochicho:
— Ada, nós fomos sequestrados, cara, e eles filmaram a gente para todo mundo.
Ele sussurra:
— Minha nossa senhora, vai ter troco!
Eu concordo:
— Vai ter troco!
O apresentador se aproxima com o microfone:
— E aí, como foi essa experiência para vocês?
— Horrível. – o Ada responde!
— Bom, agora que eu sei que foi brincadeira, até estou achando engraçado.
Eu caio na gargalhada, num misto de alívio e diversão.

"Que se lasque!"

O Ada começa a rir também.

O apresentador continua e aperta um botão, que volta ao filme do telão:

— Vamos ver as melhores partes do sequestro dos nossos parceiros.

No telão, a gente vê as partes em que eles nos tiram da van, para fazer as flexões de braço, e os vídeos feitos pelos supostos capangas.

"Eu não acredito!"

— Cara, vocês são sádicos!

— Sádico, Neves? Você gosta até de tomar choque!

"Eu não sou sádico, sou corajoso!"

— Opa, opa, não, não, aquilo foi um treinamento.

— Considere-se treinado em sequestro, então.

Balanço o pescoço para os lados, desacreditado.

Olho para o Ada:

— Estamos na festa, Ada!

— E somos o entretenimento.

— Os palhaços da festa, Ada!

— Isso!

"Não acredito!"

Eu e o Ada nos abraçamos.

— Estamos livres, cara!

Alguém nos serve com cerveja gelada e eu brindo com o Ada.

Bebo de uma vez, feliz.

— Mas afinal, que dia é hoje?

— Aniversário da Eusébia, cara!

Ponho as mãos na cintura:

CAPÍTULO 7

— O quê? Aniversário da Eusébia?
"Indignado!"
O Ada ri:
— E quem foi que definiu isso?
— O dia em que ela foi criada, ora.
"Não acredito, aniversário da Eusébia!"
O apresentador pergunta:
— Prontos para o discurso?
— Que discurso? Depois de tudo isso, você ainda quer discurso?
— Claro!
Respiro fundo.
Ele aponta para os convidados:
— Vocês querem discurso, sim ou não?
O pessoal grita que sim, assobia novamente e bate palmas:
— Discurso, discurso, discurso!
— Ok, vamos de discurso. Quem começa?
O Ada pega o microfone:
— Eu não sei que discurso eu poderia fazer agora, mas agradeço pela brincadeira. Como disse o Neves, agora, sabendo que foi brincadeira, tá tranquilo, mas meu Deus, que humor diferenciado vocês têm, não?
O apresentador intervém:
— Vocês, não. Nós todos...
"A gente vive aprontando pegadinha um para o outro. Merecido!"
O Ada continua:
— Gente, obrigado por tudo isso. Fico feliz de fazer parte desse time de pessoas, que trabalham com seguran-

ça e sentem isso como uma paixão, como eu e o Neves aqui. Não é qualquer pessoa que compreende a vontade que a gente tem, de fazer cada dia melhor. E esse sequestro maluco colabora para nosso aprendizado. Muito obrigado. E eu vou comer, porque por hoje chega!

As pessoas batem palmas e o Ada passa o microfone para mim.

Eu me movimento todo, pensando no que vou dizer.

Olho para minha filha e minha esposa:

— Vocês fizeram as duas mulheres da minha vida participarem disso?

Risos.

Olho para minha mulher:

— E você aceitou, amor?

Mais risos.

Eu continuo:

— Agradeço a todos pela amizade e profissionalismo de vocês. Somos todos profissionais da segurança e só a gente mesmo para entender essa gana que temos por proteger as pessoas. O dia de hoje fica para a história, agradeço, mas como diz o Ada, "eu vou comer, porque por hoje chega."

Entrego o microfone para o apresentador e desço do palco, perto do Ada.

Seguimos para a mesa, onde há comida, mas antes de chegar lá, encostamos os ombros um no outro e eu já cochicho:

— Vai ter troco?

— Lógico que vai!

— Quando?

CAPÍTULO 7

— Semana que vem!
Eu rio.
"Vocês vão ver só, seus malas!"
Sigo me servir.
"Obrigado, meu Deus! Foi uma boa piada!"
O apresentador coloca a cabeça da fantasia de novo.
Olho para a Eusébia, dançando no palco.
"Esse cara é uó!"
Balanço o pescoço e olho de canto para o Ada:
— Vai ter troco, Ada!
— Vai ter troco, Neves!
Temos um tempo para comer, beber e esfriar a cabeça.
"Não acredito ainda que nós fomos sequestrados!"
Cerca de meia hora se passa e nós somos chamados para o palco.
O apresentador nos entrega o microfone e sai de cena.
Eu brinco:
— Gente, como vocês assistiram ao sequestro, não precisamos falar muito sobre o mico para toda a vida, que nós pagamos hoje.
Risos.
Alguém grita:
— Você pode pagar um Pix para mim, Neves?
Ouvimos gargalhadas escandalosas entre os convidados.
Eu respondo:
— Olha, se você me sequestrar e aceitar Pix, beleza, cara!

Outra pessoa grita para o Ada:

— Fogo, Ada, fogo!

Mais risos.

Olho para o meu amigo:

— É, Ada, nós vamos ouvir piadas a respeito desse dia, até o último dia de nossas vidas, não vai ter jeito.

Ele balança a cabeça de um lado para o outro, rindo.

Não sei se estamos rindo de alívio ou se realmente achamos graça disso tudo.

"É muita informação para processar ainda."

Volto a falar:

— Então, minha gente, depois desse sequestro, ainda meio indigesto, nos pediram para falar um pouco sobre a nossa discussão dentro da van.

Olho para o Ada:

— Quer começar, cara?

Ele estica a mão para pegar o microfone e começa a falar, olhando para as pessoas a nossa frente:

— Gente, apesar de toda a brincadeira, certamente a gente nunca mais vai esquecer, porque vocês não vão nos deixar esquecer.

Risos altos na plateia.

Ada continua:

— Eu gostaria de falar sobre empreendedorismo.

Balanço a cabeça e o Ada já aponta para mim:

— Você fala sobre intraempreendedorismo, certo, Neves?

Assinto.

Ele então continua o discurso:

— Desde pequeno, eu percebi, que era diferente das pessoas na minha família e dos colegas de escola.

CAPÍTULO 7

Exceto pelo meu avô, que era empreendedor, eu fui o único com o ímpeto de criar a minha própria empresa.

Respiro fundo e cruzo os braços, atento às palavras dele, que prossegue:

— Não existe certo ou errado na vida profissional, desde que se siga o que a pessoa sente dentro dela, o que é bom para ela, o que corresponde às suas expectativas.

Alguém assobia.

Ele segue, tranquilo.

"Também, depois de tudo o que a gente passou..."

— Se dependesse dos meus pais, eu teria tudo, um emprego com carteira assinada, INSS, aposentadoria e tudo o mais, mas eu nunca quis isso. E está tudo bem. Quem quer empreender, que empreenda, mas que de preferência se prepare para isso. Eu quebrei a cara algumas vezes, como vocês puderam ouvir na minha conversa com o Neves.

Risos.

— Vocês são sádicos... – ele solta.

E continua:

— Quando eu percebi que tinha que entender mais de pessoas, de gestão e de negócios, eu comecei a me preparar para isso, através de leituras, cursos e tudo o que tinha disponível, naquela época. Hoje em dia, se tem muito mais ao alcance dos dedos e felizmente eu me tornei uma pessoa que compartilho o que aprendi, para ajudar outros novos empreendedores. Eu amo o que eu faço e gosto de dividir essa satisfação com quem busca a mesma coisa que eu buscava.

Alguém bate palmas e outras pessoas se juntam ao barulho.

Ada volta a falar:

— É possível que como empreendedor você tenha bastante dor de cabeça, até ver o seu negócio começar a dar certo, mas tudo traz aprendizado e te ensina a fazer melhor. Não existe motivo para desistir. Muitas vezes, você pode dar uma pausa, para gerar dinheiro e conhecimento, mas nunca deixe seu sonho para traz. Insista, tente, aprenda, persista, até conseguir.

Ele abaixa a cabeça, como um sinal de uma breve reverência, e me entrega o microfone.

Palmas e olhares para o Ada.

Eu começo a falar:

— Devo dizer, que eu concordo com tudo o que o Ada falou. Não tenho como discordar. Sou intraempreendedor, diferente do meu pai. E que, se fosse por ele, eu seria um empresário agora também, mas nunca foi o que eu queria. Sei que sou muito bom no meu trabalho, também amo o que eu faço e me sinto satisfeito. Gosto de ajudar as pessoas a minha volta, melhorar processos e qualquer coisa relacionada à empresa onde eu estou. Isso é intraempreender.

Ouço alguém limpando a garganta e outro tossindo, mas não perco a concentração, sigo meu discurso:

— Falo para aqueles que não têm vontade de empreender, que está tudo certo, nem todo mundo é empreendedor e nem todo mundo é intraempreendedor. Cada um segue o seu caminho e não dá para todo mundo seguir a mesma coisa.

Dou um chega para lá no Ada, ao meu lado, com o corpo:

CAPÍTULO 7

— Cada um no seu quadrado, cara!

Risos.

— A vida é assim. Tem gente que nasceu para ser médico, tem gente que nasceu para ser escritor, alguns querem trabalhar com arte, outros em casa, outros numa fazenda e têm espaço para todo mundo. Eu gosto de trabalhar numa empresa, me sinto empolgado com os desafios de melhorar os processos, ajudar meus colegas, trazer coisas novas...

Balanço a cabeça em alguns segundos de silêncio, quando respiro profundamente.

Prossigo:

— Se você gosta de atuar em um ambiente de trabalho, onde se sente mais seguro, sem ter que arriscar a criar sua própria empresa, você também tem a oportunidade de conhecer uma organização pronta, uma multinacional, inúmeros processos já existentes, você entra num lugar que já tem anos ou até décadas de experiência. A pegada é outra, também tem aprendizado, desafio, tem o que melhorar todos os dias. Seja num caminho ou outro, a decisão final é de quem vai trilhar essa escolha. Não sou eu ou o Ada que vai dizer o que é certo ou errado para você, senão e somente, é você mesmo!

Algumas pessoas começam a bater palmas.

Eu e o Ada nos juntamos um do lado do outro, percebendo o fotógrafo da festa sinalizando por uma pose.

Os amigos se levantam e batem palmas de pé.

O apresentador da noite volta e nos entrega duas miniaturas da Eusébia.

Ele já tem outro microfone na mão:

— O troféu da noite vai para...
Todos riem.
— Pela excelente participação no sequestro: o troféu Eusébia!
Recebemos um boneco da Eusébia cada um.
— Parabéns, Ada! Parabéns, Neves!
Agradecemos.
Eu respiro fundo e desço do palco.
"Por hoje chega!"
Vejo o Ada fazendo o mesmo.
— Parabéns, empreendedor. – digo, seguindo para a festa.
— Parabéns, intraempreendedor! – ele me responde.

CONCLUSÃO

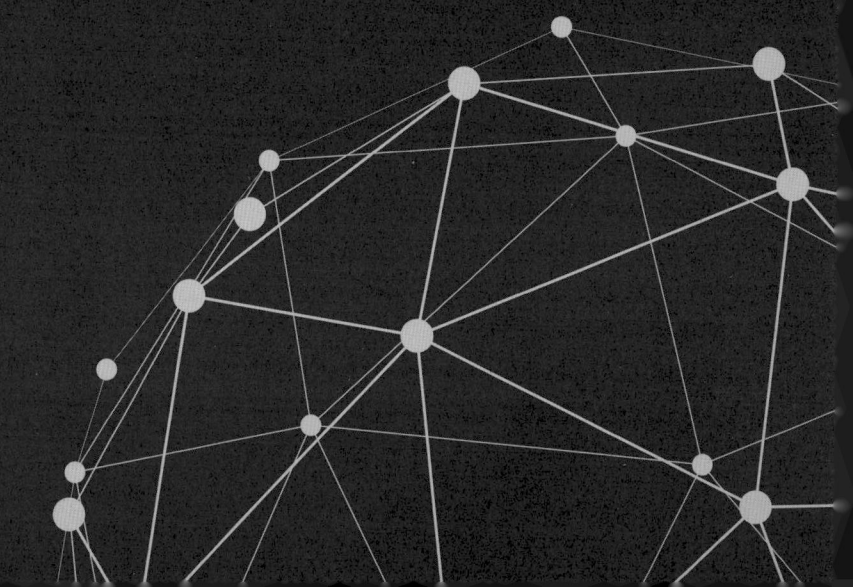

"O SEGREDO DO EMPREENDEDORISMO É TER 100% DE CONVICÇÃO COM APENAS 80% DA RESPOSTA."

AARON LEVIE

"O QUE TRANSFORMA O MODELO MENTAL E DESPERTA SEUS SONHOS PARA REALIZÁ-LOS SÃO AS 'CRENÇAS'. ISTO É INTRAEMPREENDEDORISMO PESSOAL."

Empreender ou intraempreender é um caminho certo e, ao mesmo tempo, inseguro para todas as pessoas, pois todo caminho na vida, seja baseado em uma decisão pessoal ou profissional, nos leva em primeiro lugar a algo que decidimos num determinado instante.

Para tudo, tem-se uma primeira vez: o primeiro dia na escola, o primeiro namoro, a primeira decepção amorosa, o primeiro curso, o primeiro esporte, o primeiro amigo, o primeiro tudo.

Depois, vem a primeira faculdade, o primeiro emprego, a primeira empresa (ou não), o primeiro casamento, o primeiro filho, o primeiro carro, a primeira casa.

O simples existir nos coloca numa trajetória de inúmeras primeiras vezes, que nunca acaba, porque mesmo quando se torna a segunda vez, será a primeira vez que repetirá uma primeira experiência, de outra maneira. Veja: se você tem um segundo filho, será a sua primeira vez com um segundo filho, a experiência da primeira vez como pai ou mãe apenas orienta você na segunda vez, mas o segundo filho é outro, a vivência será nova, os desafios não serão iguais. Tudo muda! Mas a primeira experiência ajuda, traz segurança e discernimento para se passar pela segunda vez.

Não existe certo ou errado, mas um caminho, que entre um ponto e outro, se faz, errando e aprendendo, até se acertar. Isso é a vida, assim que se vive o cada dia.

E se você ainda tem dúvida sobre que caminho seguir na sua vida profissional, o que impede você de testar as duas coisas? Uma de cada vez ou ao mesmo tempo?

Nada traz mais conhecimento do que a prática! Quer ter a experiência do empreendedorismo? Coragem! Crie primeiro a ideia na sua cabeça e abra sua empresa, mesmo que seja dentro de casa, no mundo digital. Sinta esse mundo, perceba o quanto você se conecta com ele, e se satisfaz a sua vontade de estar ali, fazendo aquilo na sua vida diária.

Quer saber como é intraempreender? Pense no trabalho que gostaria de fazer e se candidate à boas empresas, onde você poderá desempenhar a função que deseja e/ou aprender aquilo que tem em mente. Sinta o poder de estar dentro de uma organização pronta, absorva tudo o que ela tem a lhe oferecer. E sinta se esse é o caminho para você.

Quer os dois ao mesmo tempo? Divida-se em dois, e faça! Mas sugiro que não a vida toda, porque, além da vida profissional, também temos uma vida pessoal e familiar.

Vida é a busca constante do equilíbrio, entre trabalhar e descansar, acordar e dormir, crescer e envelhecer, aprender e ensinar.

Aprenda, se desenvolva e melhore a si mesmo, o quanto puder.

Por um bom tempo, somos alunos!

CONCLUSÃO

E depois professores!

Mais do que apenas no caminho do empreendedorismo e do intraempreendedorismo.

Estamos todos no caminho da vida!

Um feliz caminhar para você!